DER TAUNUS

Streifzug durch das hessische Mittelgebirge

Der Taunus

STREIFZUG DURCH DAS
HESSISCHE MITTELGEBIRGE

•

Text von Heike Lattka und Rainer Hein

Fotos von Wolfgang Lechthaler

SOCIETÄTS**VERLAG**

Die Deutsche Bibliothek – CIP-Einheitsaufnahme

Der **Taunus** : Streifzug durch das hessische Mittelgebirge /
Text von Heike Lattka und Rainer Hein. Fotos von Wolfgang Lechthaler. –
Frankfurt am Main : Societäts-Verl., 2000
   ISBN 3-7973-0723-3

Alle Rechte vorbehalten · Societäts-Verlag
© 2000 Frankfurter Societäts-Druckerei GmbH
Nachdruck, auch auszugsweise, nur nach vorheriger
schriftlicher Genehmigung des Verlages gestattet.
Gestaltung und Satz: Lohse Design, Büttelborn
Karte: Kartographie Peh/Schefcik, Eppelheim
Lithographien: Blöink Reprotechnik, Darmstadt
Druck und Verarbeitung: Franz Spiegel Buch GmbH, Ulm
Printed in Germany 2000
ISBN 3-7973-0723-3

Inhalt

Der Taunus, das Land der Berge, Burgen und Bäder 9

Deutschlands «schönstes Mittelgebirge» liegt vor Frankfurts Haustüre 9

Geschichte zum Anfassen 19

Keltische Ringwälle und der römische Limes zeugen von der Antike 19

Aus Ruinen auferstanden: Das rekonstruierte Römerkastell Saalburg 24

Raubritter und Bürgersleut 27

Mittelalterliches «Burgen- und Schlösserland» zwischen Obstwiesen und Wäldern 27

Der Stein Eppos 28
Eine Burg für die ungeliebte Kaisermutter 31

Die Schlacht von Kronberg 31

Eine Festung wird Gefängnis 32
Von Raubrittern zu Domherren 33
Hilfsplan verwandelt die Hattsteiner Raubritter 34
Arbeitszimmer mit kaiserlichem Sattelsitz im Homburger Landgrafenschloss 35

Ein Homburger Landgraf, der dank Kleist weltberühmt wurde 36
Mäzenin mit Naturliebe und Kunstsinn: Landgräfin Elisabeth 38
Hinter den Hügeln wartet die Nassauer Geschichte 39

Glaubensflüchtlinge sorgen für den Wirtschaftsaufschwung 50
Das Märkergeding, die Aktionärsversammlung des Mittelalters 52

■ **Schlemmen und Feiern** 54

Wo die Liebe zum Taunus durch den Magen geht 54
Ausflugslokale 54
Schlemmertempel fürs große Portemonnaie 56
Erlebnisgastronomie 57

Ein Naturpark vor der Haustüre 61

Der Taunus – das Naherholungsgebiet für Millionen von Besuchern 61

Der Große Feldberg, der Mont Blanc des Rhein-Main-Gebietes 65
Turner und Freigeister entdecken das Plateau 66

«Expeditionen» des Taunusclubs erschließen eine Region 73

Regionalpark 74
Rosarium und Beobachtungspyramide 75
Ein Rabe im Nussbaumquartier 76

Dem Apfel auf der Spur 79
Obstwiesenroute führt zu Keltereien zwischen Main und Taunus 79

Freizeitparks und Ausflugsziele 81

Kakadus und Kristallhöhlen – der Taunus lockt zum Wochenendbesuch 81

Der Opelzoo – ein Hauch Afrika 82

Hessen in Miniaturausgabe –
Der Hessenpark bietet
Dorfgeschichte zum Anfassen 84
Der Freizeitpark Lochmühle 86
Das Taunus Wunderland 87
Wildschweine und Papageien 87
Kubacher Höhle und
Weilburger Tiergarten 88

*Seltene Vogelarten
rund um die Kiesgruben 89*

Burgfeste und Seifenkistenrennen 90

Im Taunus wird
gerne und oft gefeiert 90
Hochheimer Markt 90
Hochheimer Weinfest 90
Jazz und Swing vor
Idsteins Fachwerkkulisse 90
Das Wickerer Weinfest 91
Brunnenfest in Oberursel 93
Burgfeste in Königstein
und Eppstein 93
Laurentiusmarkt in Usingen 93
Laternenfest Bad Homburg 93
Der verlobte Tag in Flörsheim 93

Europas Aristokratie erholt sich im Taunus 95

Mit der Entdeckung der
Heilquellen beginnt die große Zeit
der Kurorte 95

*Die Bäder, die Russen
und die Weltliteratur 97*

In Wiesbaden blickte Goethe
in «alle Herrlichkeit der Welt» 97
Schlangenbad, der Geheimtipp
zwischen Wald und Reben 98
Bad Schwalbach, der Senior
unter den Kurorten 99
Bad Soden, Stoltzes
«deutsches Nizza» 100
Königstein, ein Freilichtmuseum
der Villen-Architektur 101
Schmitten lockt mit dem Pferdskopf
und dem Weiltal 103
Bad Ems, kurstädtischer Charme
an der Lahn 103

*Die Wiege der Demokratie
steht in Hornau 104*

Bad Homburg – Wilhelminisches
Kurbad mit Charme 104

*Homburgs Champagnerluft 106
Kaiserin Friedrich
verleiht Kronberg Glanz 108*

*Hochheimer Wein
für englische Majestäten 110*

Bad Camberg,
Hessens ältestes Kneippbad 115

Backesfest und Cello-Festival 117

Kultur im Taunus 117

*Die Kronberger Malerkolonie 118
Hölderlin und Bad Homburg 119*

Blaues Haus am Fuße des Kapellenbergs – Auf den Spuren der Hofheimer Malerinnen Hanna Bekker vom Rath und Ottilie W. Roederstein 121

Wiege des deutschen Golfsports am Taunusrand 122

Exklusive Clubs und Angebote
für jedermann 122

Friedliche Koexistenz der Religionen 125

Die größten Steuereinnahmen und die besten Erdbeeren 129

Im Taunus florieren
High Tech und Mittelstand 129

*Friedrichsdorf ist stolz
auf «seinen» Telefonerfinder
Philipp Reis 133
Mehr Beschäftigte als Einwohner –
Boomtown Eschborn 134
Einkaufen wie in Amerika –
MTZ in Sulzbach wird Deutschlands
erstes Shopping-Center 135*

■ **Die Städte** 136

Aarbergen 136
Bad Camberg 136
Bad Homburg
vor der Höhe 136
Bad Schwalbach 136
Bad Soden 137
Eppstein 137
Eschborn 137
Flörsheim 137
Friedrichsdorf 138
Glashütten 138
Grävenwiesbach 138
Hattersheim 138
Heidenrod 138
Hochheim 139
Hofheim 139
Hohenstein 139
Hünstetten 139
Idstein 139
Kelkheim 140
Königstein 140
Kriftel 140
Kronberg 140
Liederbach 140

Limburg 141
Neu-Anspach 141
Niedernhausen 141
Oberursel 141
Schlangenbad 141
Schmitten 141
Schwalbach 142
Steinbach 142
Sulzbach 142
Taunusstein 142
Usingen 142
Wehrheim 142
Weilburg 142
Weilrod 142
Wiesbaden 143

Der Taunus, das Land der Berge, Burgen und Bäder

DEUTSCHLANDS
«SCHÖNSTES» MITTEL-
GEBIRGE LIEGT
VOR FRANKFURTS
HAUSTÜRE

Am Anfang des neuen Jahrtausends, in dem auch noch die letzten Grenzen in Europa fallen sollen, wird die Rhein-Main-Region weltweit vermutlich ausgerechnet als Grenzregion Karriere machen. Dann nämlich, wenn der römische Limes im Jahre 2004 tatsächlich von der Kulturorganisation der Vereinten Nationen, der Unesco, zum Weltkulturerbe erklärt werden sollte, wie es die vier Bundesländer Baden-Württemberg, Bayern, Hessen und Rheinland-Pfalz beantragt haben. Die römische Wehranlage stünde damit der chinesischen Mauer in der kulturellen Wertschätzung nicht mehr nach.

Der Taunus als Grenzregion – das ist tatsächlich eine alte Geschichte, die schon lange vor den Römern anfängt, wie nicht nur die Reste keltischer Fliehburgen auf den Bergkuppen zeigen. Vergessen ist sie bis heute nicht. Den Schulkindern aus der Region wird sie durch Ausflüge zu den Ringwällen auf den Altkönig oder zum Römerkastell Saalburg nahe gebracht, und den Pendlern auf der Bundesstraße 456 jeden Morgen durch den langen Verkehrsstau. Wer die Saalburgchaussee aus eigener Erfahrung kennt, weiß, dass es einen Vorderen und einen Hinteren Taunus gibt und dass zwischen beiden ein Mittelgebirge liegt. Wenn in Frankfurt zur Winterzeit mal wieder, wie der Hesse sagt, «Schmuddelwetter» herrscht, schlittern die Autofahrer hier oben auf schneeglatter Straße. Diesen Charakter des Gebirgszuges als eine natürliche Barriere hat der Mensch sehr früh entdeckt und ihn für seine Zwecke einzusetzen begonnen. Über einen Zeitraum von mehr als 2000 Jahren formte sich aus dieser Verbindung von Natur und Kultur entlang des 75 Kilometer langen Gebirgskamms jene Kulturlandschaft, von der dieses Buch in Bild und Text handelt.

Vom Taunus ist, nimmt man einen historischen Maßstab, noch nicht sehr lange die Rede. Zwar taucht der Begriff in der lateinischen Form als «in monte Tauno» etwa um 100 nach Christus in den Annalen des römischen Schriftstellers Tacitus auf. Doch ist umstritten, ob er damit wirklich jene Berglandschaft als Teil des Rheinischen Schiefergebirges meinte, die im Süden vom Main, im Westen vom

Weit reicht der Blick vom Aussichtsturm Pferdskopf bei Schmitten in das Hinterland des Taunus.

Der rekonstruierte Limes-Wachturm Zugmantel.

Rhein, im Norden von der Lahn und im Osten von der Wetterau begrenzt wird. Mit dem «Mons Taunus» war vermutlich ein Berg bei Friedberg gemeint, der nicht zum eigentlichen Taunus gehört. Auch der Name «Civitas Taunensium» für das römische Verwaltungsgebiet im zweiten und dritten Jahrhundert nach Christus trifft geographisch nicht, denn die Civitas hat man in Nida-Heddernheim lokalisiert, also auf Frankfurter Territorium. Bis vor etwa 200 Jahren hieß der Taunus einfach «Die Höhe», was Ortsnamen wie Bad Homburg vor der Höhe oder Hausen vor der Höhe erklärt. Der lateinische Name bürgerte sich erst ein, nachdem der Frankfurter Literat, Sammler und Goethe-

freund Johann Issak von Gerning (1767 – 1837) die Heilquellen am Taunus lyrisch besungen hatte. Das war im Jahre 1813. Damals begann jene Zeit, in der die bis dahin unwirtliche Berglandschaft vom Frankfurter Bürgertum entdeckt und systematisch erschlossen wurde.

Die Region rund um den Hohen Taunus, um die es in diesem Buch vornehmlich geht, wird heute gerne als «Schweiz im Kleinen» bezeichnet. In dem mit 120.000 Hektar zweitgrößten hessischen Naturpark Hochtaunus und dem sich westlich anschließenden Naturpark Rhein-Taunus ragen drei Gipfel besonders hervor: der Große Feldberg, der Kleine Feldberg und der Altkönig. Nach Südosten zu fällt das Mittelgebirge steil ins Maintal und senkt sich zum Ballungsraumzentrum rund um Frankfurt hin. Mit Hochheim am Main beginnt die Weinbauregion Rheingau, die wiederum einen ganz eigenen Landschaftscharakter besitzt. Nach Norden senkt sich der Hintere Taunus zur Lahn. Hier, im «Buchfinkenländchen», ist die Landschaft weniger dicht besiedelt und wirkt mit ihren sanften Hügeln und der lichten Weite lieblicher als die strenge Höhe, die Goethe noch ehrfurchtsvoll «das Gebirge» nannte. Die geologische Struktur des Taunus ist vielfältig und beeindruckt besonders durch die wuchtigen Quarzitformationen, auf die der Wanderer überall trifft.

Für viele Menschen ist der Taunus Naherholungsgebiet, begehrter Wohn- oder auch Unternehmensstandort, der Renommee verspricht. In den letzten 20 Jahren hat dieser Siedlungsdruck so stark zugenommen, dass heute in nahezu jeder Taunus-Kommune über die noch erträglichen Grenzen des Wachstums diskutiert wird. Stellenweise drohen die Städte langsam zu verwachsen und jener «Siedlungsbrei» zu entstehen, vor denen Landschaftsarchitekten warnen. Mit Projekten wie dem Regionalpark und den Apfel- und Obstwiesenrouten, die mit dem Naturpark «vernetzt» werden sollen,

Burg Freienfels bei Weilmünster.

versuchen die Planer, dem entgegenzusteuern und das über Jahrhunderte gewachsene Landschaftsbild zu bewahren.

Für den Taunus ist der Zuzug der Städter nicht die erste «Wanderungsbewegung», die er erlebt. Der Siedlungsepoche aus der jüngeren Steinzeit folgten zunächst keltische Bewohner, die ausgedehnte Befestigungsanlagen wie die Ringwälle auf dem Altkönig errichteten und mit dem so genannten Heidetränk-Oppidum bei Oberursel die erste Großstadt des Rhein-Main-Gebietes bauten. Danach kamen die Römer, denen das Mittelgebirge als Grenzfundament diente. Der Limes mit dem rekonstruierten Saalburg-Kastell und den vielen Wachturmresten und Kastellruinen zeugt von dieser Periode, der wiederum der Einbruch der Alemannen um 260 ein Ende setzte. Mit der germanischen Völkerwanderung wurden die Römer verdrängt und die Region kontinuierlich besiedelt, wobei in staufischer Zeit das Zentrum in dem Reichsland der Wetterau und der Reichsstadt Frankfurt lag. Mit dem Zusammenbruch der Stauferherrschaft entstand eine territoriale Kleinwelt, von denen die Burgen und Ruinen von Eppstein, Königstein, Falkenstein, Kronberg, Homburg, Reifenberg und die Residenzstädte der Nassauer Grafen in Idstein, Usingen und Weilburg sprechen. So wurde der Taunus zum «Burgenland». Es war eine durchaus bewegte Zeit, wie der Krieg der Kronberger mit den Frankfurtern im 14. Jahrhundert bezeugt. Sehr lange blieb der Taunus jedoch bis auf die wichtigen Wege- und Handelsverbindungen ein weißer Fleck auf der Landkarte der Neuzeit: ein unerschlossenes, dünn besiedeltes und abweisendes Land, in dem Räuberbanden die wenigen Straßen unsicher machten. Noch bis ins 20. Jahrhundert hinein galten Teile des

Fitness im Naturpark.

Blumenpracht und Kurbäder-Architektur in Schlangenbad.

östlichen und nördlichen Taunus als wirtschaftliches und kulturelles Notstandsgebiet, für die eine karitativ eingestellte Frankfurter Bürgerschaft regelrechte Hilfsprogramme inszenierte.

Seinem reizkräftigen Waldklima auf der Höhe, seinem Schonklima an den Südhängen, den Heilquellen sowie einer lebensfrohen europäischen Aristokratie und einem wissbegierigen Bürgertum verdankt der Taunus schließlich seine Aufnahme in die Weltgeschichte. Mit Bad Schwalbach, Schlangenbad, Bad Soden, Wiesbaden, Bad Homburg, Königstein und Bad Ems entstanden, nachdem auch die aufkommenden Wissenschaften die heilkräftige Wirkung des Taunusaufenthalts bestätigt hatten, jene internationalen Badeorte, die von der Geburts-, Geistes- und Geldaristokratie ganz Europas aufgesucht wurden. So wurde der Taunus zum Bäderland. Die kleinen, bis dahin so armen Städtchen blühten auf und erlebten im 19. Jahrhundert jene goldenen Jahrzehnte, von denen der Besucher heute noch zehren kann, da der Zweite Weltkrieg die Ergebnisse des heilbäderlichen Baubooms großenteils nicht zerstört hat und die Quellen natürlich noch immer fließen.

Wo auch die Industrialisierung es zuließ, blieben die reizvollen Ortsbilder in Fachwerk von der Spätgotik zum Barock bis zum wilhelminischen Stil ebenso erhalten wie die Kurparks, die Grünanlagen und Gründerzeit-Promenaden. Dieser Auftakt zu heutiger Wellness-Kultur im Land der Heilquellen hatte im Übrigen in sportlicher Hinsicht weitreichende Folgen für ganz Europa, wie man an der Beliebtheit des Golfsports sehen kann, der seine kontinentale Premiere in Bad Homburg hatte, wohin ihn britische Kurgäste «exportierten».

Geschichte ist anziehend, gerade in einem Jahrhundert, in der die Zeit scheinbar zu fliehen begonnen hat. In die Landschaft des Taunus hat sie sich über 2000 Jahre hinweg eingegraben und ihre Spuren hinterlassen. Es ist diese Verbindung zwischen einer weitgehend noch intakten Natur und jenen Kulturwerken, die – wenn auch oft nur als Relikte – über die Jahrhunderte hinweg erhalten geblieben sind und von der Vergangenheit zeugen. Deshalb darf man wohl sagen, dass der Taunus mit dem Hessenpark in Neu-Anspach nicht nur ein Freilichtmuseum besitzt, sondern dass er selbst ein Freilicht-

Weinanbau vor Wiesenblumen.

museum ist. Wer mag, kann zwischen Idstein und Hochheim eine Zeitreise antreten, die ihn von den Kelten über die Römer zu Burgen, Kirchen, Residenzen und mittelalterlichen Stadtkernen führt, von dort entlang der «Bäderstraße» zu den Glanzlichtern europäischer Bäderkultur und von hier aus weiter zu jener modernen Zeit, die ihr Gesicht wohl am eindeutigsten in der Bürostadt Eschborn und im Main-Taunus-Einkaufszentrum zeigt. Es ist eine Reiseroute, die auch sehr bequem im Auto entlang der Hochtaunus-Ferienstraße abgefahren werden kann.

Wo immer der Reisende Rast macht, wird ihm in Museen und Schlössern Gelegenheit geboten, unter fachkundlicher Führung tiefer in die Vergangenheit einzutauchen. Aber auch wer nach der Alltagshektik die Alternative zur Zivilisation sucht, dürfte sein Wunschangebot finden. «Natur pur» bieten die für den Fremdenverkehr erschlossenen Naturparks zu Fuß, auf dem Rad, den Langlaufskiern oder hoch zu Ross und sogar in der Luft im Segelflugzeug – wahlweise alleine oder als geführte Exkursion.

Obwohl es viele Millionen Menschen sind, die alljährlich ins Grüne des Taunus aufbrechen, findet der Wanderer in den Wäldern und den Wiesen- und Feldlandschaften zuweilen noch jene immer seltener werdenden Orte, an denen der Zivilisationslärm auf einmal verstummt und nur noch die Natur spricht: im Rauschen des Windes, dem Gesang der Vögel, dem Summen einer Biene, dem Hämmern des Spechts. Alexander von Humboldts Beschreibung des Taunus als «schönstes Mittelgebirge der Welt» – wer mit offenen Augen sich in der Gegend rund um den Feldberg umgetan hat, wird ihm Recht geben. Es ist eine Landschaft, in die man «eintauchen» kann, und die ihren geheimen Zauber bewahrt hat. Wer die Muße hat, sie in Ruhe zu genießen, kann sich überall aufs Neue großartiger Ausblicke erfreuen.

Wo der Sprecht hämmert und die Biene summt – Das Wispertal im Rheingau mit dem Wispersee.

Geschichte zum Anfassen

KELTISCHE RINGWÄLLE
UND DER
RÖMISCHE LIMES
ZEUGEN
VON DER ANTIKE

Das bedeutendste archäologische Denkmal des Taunus, der Limes, will erwandert sein. Von der Wetterau kommend, verläuft der einstige römische Grenzwall, der sich auf 548 Kilometern Länge vom rheinischen Rheinbröl bis nahe Regensburg erstreckt, entlang des Taunuskamms. Dort steht das markanteste und bedeutendste Römerbauwerk: Die Saalburg. Das rekonstruierte Kastell bietet römische Geschichte zum Anfassen. Der einstige Palisadenwall, europäisches Gegenstück zur chinesischen Mauer, ist als große Bodenwelle von den Spaziergängern entlang des Limes-Wanderwegs gut zu erkennen. Immer wieder zeigen sich Reste von Mauern, die Relikte früherer Wehrtürme und Kastelle, die sich einst im Abstand von dreihundert bis eintausend Metern aneinander reihten, und von denen einige, wie der Wachturm am Kastell Zugmantel, originalgetreu rekonstruiert wurden. Vor 2000 Jahren verlief hier die Grenze der Zivilisation: nördlich des Kamms germanisches Gebiet, auf der anderen Seite die Provinz Germania Superior (Obergermanien). In Mainz, der Hauptstadt der Provinz, saß der römische Stadthalter, Oberbefehlshaber über die Grenztruppen. Im Jahr 100 nach Christus standen ihm mehr als 10.000 Mann zur Verfügung, um die Grenze des römischen Imperiums gegen germanische Stämme zu verteidigen.

Außenposten der römischen Zivilisation: Ein wieder aufgebauter Wachturm, in dem Grenzsoldaten die antike Grenze, den Limes, sicherten.

So verwunschen, wie heute etwa die Mauerreste des Feldberg-Kastells am Wanderweg liegen, hat auch das Saalburg-Kastell ausgesehen, als der deutsche Kaiser Wilhelm II. noch ein kleiner Junge war. Während des deutsch-französischen Krieges lebte er einige Monate mit seiner Mutter im Homburger Schloss, der Sommerresidenz der deutschen Kaiser seit 1866, und vergnügte sich mit seinem Bruder auf der Saalburg. Das überwachsene Ruinenfeld, das über Jahrhunderte den Bewohnern des Taunus nur als Steinbruch für den eigenen Hausbau gedient hat, muss den Prinzen sehr beeindruckt haben. Wilhelm hat als erwachsener Mann und deutscher Kaiser das einstige Militärlager aus seinem jahrhundertelangen Dornröschen-Schlaf erweckt.

100 Jahre später hat sich das Militärlager von einer Stätte archäologischer Forschung zu einem europäischen Museum entwickelt. Die „Antike als Erlebnis" fasziniert alljährlich mehr als 150.000 Besu-

cher. Waren es einst die kriegerischen germanischen Stämme der Chatten und Alemannen, die das Kastell bedrohten, so sind es heute die neugierigen Besuchermassen. An guten Tagen wissen die Saalburgmitarbeiter nicht wohin mit den vielen Autos und Sonderbussen, die einen Parkplatz im Naturschutzgebiet suchen.

Der Limes mit seinen Wachtürmen und Kastellen war ein militärisches Bauwerk, aber er war keine Wehranlage gegen germanische Völker. In den Wachtürmen waren vier bis fünf Soldaten stationiert, die Kohorte im Saalburg-Kastell war 500 Mann stark, die kleine Kundschaftstruppe im zehn Kilometer entfernten Feldbergkastell umfasste etwa 150 Mann. Davon hätte sich ein Germanenstamm kaum aufhalten lassen, das wussten auch die römischen Offiziere.

Doch das war auch nicht notwendig, wie die komfortablen und gut ausgestatteten römischen Herrenhäuser im Taunus zeigen; aus der aufwendigen Bebauung ziehen Historiker den Schluss, dass der Landstrich lange Zeit sicher gewesen sein müsse, da ja auch heute niemand sein gutes Geld in Krisenregionen investiere.

Das änderte sich mit der Regierungszeit Kaiser Marc Aurels. Im obergermanischen Grenzland kam es zu Zerstörungen durch die Chatten. Eine Folge für die Civitas Taunensium war die Verstärkung der Grenze durch den Bau des Feldbergkastells Mitte des zweiten Jahrhunderts. Im dritten Jahrhundert geriet das Römerreich in eine Krise. Schriftquellen berichten erstmals von einer neuen germanischen Gruppierung, den Alamanni. In der Provinz rüstete man sich: die Civitas Hauptstadt Nida erhielt eine Wehrmauer. Dennoch plünderten die Alemannen aus-

Eine tausend Jahre alte Linde bei Niederems.

Burg Königstein bietet bei gutem Wetter eine freie Rundum-Sicht: Richtung Ruppertshain etwa …

gedehnte Gebiete der Provinz. Damals ist der Vicus an der Saalburg zerstört worden, vermutlich auch die römischen Landgüter. Zunächst gelang es jedoch, die Eindringlinge zurückzutreiben und die Zerstörungen auszubessern, so dass das Leben im Grenzland weitergehen konnte. Nach weiteren Germaneneinfällen gaben die Römer den Limes Mitte des 3. Jahrhunderts auf, der Rhein wurde wieder zur natürlichen Grenze, das Land dahinter als Provinz neu organisiert. Die Provinzbevölkerung rettete sich nach Westen, Bauwerke und Landgüter verfielen, die Bauwerke des Limes überwuchsen mit Gestrüpp und Wald. Die Alemannen ließen sich nach und nach in der Wetterau und im Taunus nieder.

Ein historischer Spaziergang durch den Taunus sollte sich jedoch nicht nur auf den Besuch des Saalburg-Kastells und eine Wanderung entlang des Limes beschränken. Denn weder waren die Römer die ersten, die im Taunus siedelten, noch sind sie die einzigen, deren Siedlungsreste heute noch zu besichtigen sind. Bereits ein halbes Jahrhundert, bevor die Legionen durch die Wälder marschierten, hatten die Kelten Besitz von dem Gebiet ergriffen, wie eine Kette von Gebirgsfestungen belegt, die bis in die Rhön reichen.

Eine jener Anlagen lag auf dem Altkönig. Die beiden noch heute mächtigen Ringwälle, die der Wanderer auf dem Weg zum Gipfel überquert, legen davon Zeugnis ab. Nur einige Kilometer vom Altkönig entfernt finden sich die Reste der einst größten keltischen Stadt in ganz Hessen. Im sogenannten Heidetränk-Oppidum bei Oberursel lebten während dessen Blütezeit im 2. und 1. Jahrhundert vor Christus vermutlich bis zu 10.000 Menschen, die Handelsverbindung zum römischen Reich und bis zu Nord- und Ostsee unterhielten.

oder nach Kelkheim ...

... oder hinauf zum Altkönig, wo Wanderer auf keltische Ringwälle stoßen.

Als die Römer in den Taunus zogen, waren die keltischen Mauern auf dem Altkönig aller Wahrscheinlichkeit nach bereits zerfallen. Sehr lange hat man vermutet, dass auch das Heidetränktal zu dieser Zeit bereits nicht mehr besiedelt war. Allerdings sind in den neunziger Jahren Funde gemacht worden, die frühgermanischen Charakter haben. Möglich ist es deshalb, dass die Kelten ihr Oppidum erst unter römischem Druck um Christi Geburt geräumt haben.

DAS REKONSTRUIERTE RÖMERKASTELL SAALBURG

Mit mehr als 150.000 Besuchern im Jahr weist sich die Saalburg als eines der begehrtesten Ausflugsziele in der Rhein-Main-Region aus. Das rekonstruierte Römerkastell ist in seiner Art einmalig in Deutschland. Fast 2000 Jahre nach der ersten Grundsteinlegung erlaubt die gewaltige Anlage einen Einblick in die Lebensbedingungen des römischen Grenzschutzes, dessen Aufgabe es war, die Staatsgrenze des Imperiums, den Limes, zu verteidigen.

Der Grenzposten Roms auf dem Taunuskamm erreichte in der zweiten Hälfte des 2. Jahrhunderts den Höhepunkt seines Ausbaus. Bis zu 3000 Menschen haben in jener Zeit in und vor dem Lager gelebt. Den Kern bildete eine Kohorte von etwa 500 Mann. Sie hatten den Limes zu bewachen. Die Saalburg erlebte vom Jahr 83 nach Christus, als auf dem Saalburg-Pass eine kleine Erdschanze angelegt wurde, bis zum Jahr 260, als die Römer ihr Grenzsystem aufgaben, etwa vier Ausbauphasen. Vorbild für das Kastell, wie es heute zu sehen ist, wurde das Lager aus der zweiten Hälfte des 2. Jahrhunderts mit einer Wehrmauer und Innenbauten aus Stein und Holz. Vor dem Haupttor lagen ein Badegebäude und ein Gästehaus sowie ein Dorf mit Handwerker-, Händler- und Wirtshäusern.

Als die Römer den Taunus um 260 aufgaben, verfielen der Limes und die Saalburg. 1897 veranlasste der deutsche Kaiser Wilhelm II. den Wiederaufbau des Kastells, der 1907 abgeschlossen werden konnte. Eine Rekonstruktion war möglich, da schon in der Mitte des Jahrhunderts das Interesse der Forscher an dem Trümmerfeld erwacht war. Führend in dieser neuzeitlichen Saalburg-Forschung war der Homburger Baurat Louis Jacobi (1836 – 1910). Ihm ist es zu verdanken, dass die Gesamtanlage, die auf dem alten Fundament nachgebildet wurde und die die beeindruckenden Ausmaße von 221 Metern Länge und 147 Metern Breite hat, der antiken Realität sehr nahe kommt.

Bei seinem Rundgang durch das Kastell trifft der Besucher auf eine Reihe rekonstruierter Gebäude aus Holz und Stein. Gleich hinter dem Eingangstor steht der Getreidespeicher (horreum), der einst die Vorräte aufgenommen hat und jetzt den Großteil der Schausammlung des Saalburg-Museums beherbergt. Gegenüber befindet sich die teilweise rekonstruierte Kommandantenwohnung, in der

Römische Soldaten erwarten die Besucher der Saalburg nicht nur als Nachbildung in Metall ...

die Verwaltung und das Saalburg-Forschungsinstitut untergebracht sind. Militärisches Zentrum des Lagers ist das große Stabsgebäude. Kultisches Zentrum des Kastells war das Fahnenheiligtum. Der nach antiken Vorbildern farbig ausgemalte Raum beherbergt einige Nachbildungen von römischen Truppenfahnen, Weihesteinen und ein Kaiserbild. Aufgebaut wurden auch wieder einige Mannschaftsbaracken aus Holz.

Auch außerhalb des Lagers begegnet man der Antike noch auf Schritt und Tritt. Reste der Badeanlage und des Gästehauses sind zu erkennen. Unweit des Kastells verlaufen Wall und Graben des Limes. Ihm folgt der Limeswanderweg, der vom Rhein bis zur Donau reicht. Er führt – die stilisierte Silhouette eines römischen Wachturms weist den Weg – fast unentwegt an der einstigen römischen Grenzanlage entlang.

Das Saalburg-Museum bietet fachkundliche Führungen an und lässt die Besucher auch aktiv mitwirken, beispielsweise bei den Panificium-Tagen, wenn nach antikem Rezept Dinkelbrot-Laibe gebacken werden.

... sondern auch in Fleisch und Blut: Bei Museumstagen führen Schausteller die Uniformen und Waffen der Legionäre vor und demonstrieren Militärübungen und Kampftechniken der Soldaten.

Raubritter und Bürgersleut

MITTELALTERLICHES
«BURGEN- UND
SCHLÖSSERLAND»
ZWISCHEN
OBSTWIESEN UND
WÄLDERN

Eppstein mit Feste und Fachwerkhäusern.

Als sichtbare Boten aus dem Mittelalter ragen sie in die Höhe: Ein wenig finster und düster oder majestätisch und erhaben thronen zwischen Eppstein und Braunfels zahlreiche Burgen und Schlösser hoch über Städten und Gemeinden. Im Strom der Zeiten wurden einige gebrandschatzt, geschliffen und abgebrochen, andere wiederum gestalteten ihre Herren in prachtvolle Barockbauten oder verspielte Renaissanceresidenzen um. Gemeinsam künden sie von Macht und Einfluss einer vergangenen Epoche.

Von den Burgtürmen aus, so will es scheinen, hatte ein Herrscher die Welt samt Mensch und Tier im Griff. Freilich reicht das Einflussgebiet oftmals nur so weit das Auge vom Söller aus blickt. Die Macht war im Mittelalter eher kleinteilig verteilt, und viele Burgherren waren eher Raubritter als großformatige Herrscher.

Der Stein Eppos

Wer heute in der Kemenate einen der begehrten Plätze für ein echtes mittelalterliches Mahl bekommt, oder bei den Burgfestspielen die Theater- und Musikveranstaltungen unter freiem Himmel genießt, der kann sich das tatsächliche Leben im Mittelalter auf Burg Eppstein nur schwer vorstellen. Viele Sagen und Geschichten ranken um das trutzige Bauwerk, bedeutende Persönlichkeiten wie Alexander von Humboldt, Heinrich von Gagern, Ferdinand Lassalle besuchten die Ruine. Drei Jahrhunderte lang diente die Eppsteiner Feste einer einflussreichen Adelsfamilie als Residenz, die vermutlich einst Ritter Eberhard mit dem Kurznamen «Eppo» aus der fränkische Hochadelsfamilie der Konradiner gegründet hat.

Auch wenn die Burg Eppstein wahrscheinlich schon 200 Jahre zuvor erbaut worden ist, wurde das mittelalterliche Bauwerk im Jahre 1122 in einer Urkunde erstmals erwähnt. Beherrschendes Bauwerk der Anlage war der Bergfried, der als letzte Zuflucht im Verteidigungsfall

Der Obstbaum als Schattenspender.

diente. Über dem Fundament erhebt sich ein ehemals 33 Meter hoher Rundturm aus dem 14. Jahrhundert. Seit den Abbrüchen von 1804 und 1872 sind es jedoch nur noch 24,50 Meter.

Der eigentliche Zugang war aus Gründen der Sicherheit nur von zwei hochgelegenen Einlässen möglich. Zugleich flankierte der schlanke Rundturm das im 14. und 15. Jahrhundert angelegte westliche Tor. Er bildet mit dem Palas, dem im 14. Jahrhundert repräsentativ gestalteten Wohnhaus, den architektonischen Mittelpunkt.

Bis 1803 trotzt die Burg Eppstein weitgehend unzerstört Angriffen und Naturgewalten. Für den Westteil des Anwesens findet der nassauische Staat aber bald keine Verwendung mehr. Mit der fadenscheinigen Begründung, dass eine Ruine doch viel romantischer sei, werden Dächer abgedeckt und Gebäude ausgeschlachtet. Und wer weiß, ob die Burg noch immer über Eppstein ragen würde, wenn da nicht jener österreichische Freiherr mit dem langen Namen Franz Maria von Carnea-Steffaneo di Tapogliano zu Kronheim und Eppenstein gewesen wäre, der sich irrtümlich für einen Nachfahren Eppos hielt, die vom Zerfall bedrohte Burg kaufte und damit deren Abbruch stoppte.

Ragt hoch über der Stadt: Der Kaisertempel.

Der kurze Aufstieg lohnt sich wegen des Panoramas.

Blick in den Burginnenhof.

Eine Burg für die ungeliebte Kaisermutter

Sie gehörten dem niederen Adel an, waren aber fleißiger und gewitzter als manche Sprösslinge einflussreicher Geschlechter und verstanden es vortrefflich, sich bei Königen und Kaisern beliebt zu machen: Die Reichsministerialen von Eschborn waren es, denen am Anfang des 13. Jahrhunderts die Turmburg wohl zu klein geworden war und die sich zwischen 1220 und 1225 in Kronberg eine neue, weit repräsentablere Stammburg errichteten. Da sich im Schutz der Feste rasch eine Siedlung entwickelte, konnte Hartmut V. schon ein Jahrhundert später die Stadtrechte beantragen – das Jahr 1330 ist die Geburtsstunde der Stadt Kronberg, zu deren Wahrzeichen die weitgehend erhalten gebliebene Burg wurde.

Die Burg blieb wohl auch nicht ohne Eindruck auf Kaiserin Friedrich, Mutter des letzten deutschen Kaisers Wilhelm II., die ihrem Sohn in den Ohren lag, die Burg nicht dem Verfall zu überlassen. Zwar war das Verhältnis zwischen Mutter und Sohn höchst angespannt, dennoch erwarb der Kaiser 1891 die Feste und schenkte sie seiner Mutter, die unverzüglich deren sorgfältige Renovierung einleitete.

Als die Hessische Hausstiftung im zwanzigsten Jahrhundert das Gebäude an einen Privatmann verkaufte, waren die Proteste in der Kronberger Bevölkerung so groß, dass die Stadt Kronberg im November 1992 Eigentümer der Burg wurde. Seitdem wird Kronbergs Wahrzeichen von der Stiftung Burg Kronberg saniert. Mit zahlreichen Veranstaltungen in den Sommermonaten wird die Wehranlage jährlich wieder zum Mittelpunkt der Stadt gemacht.

Kronbergs malerische Altstadt steht ganz im Zeichen der Burg, die Deutschlands Kaiser Wilhelm II. einst seiner Mutter schenkte.

Kronberg mit Kirchturm und Altstadtgiebeln.

DIE SCHLACHT VON KRONBERG

Zur Pflichtlektüre im Sachkundeunterricht gehört für die Schulkinder im Hochtaunuskreis die Episode über die «Schlacht von Kronberg». 1389 standen sich Frankfurter und Kronberger als unerbittliche Gegner mit Hauben, Harnisch, Beingewand, Streitäxten und Hellebarden gegenüber. Die selbstbewusste Handelsstadt rückte mit Zünften und berittenen Patriziern gegen die Kronberger Raubritter vor, die das blühende Gemeinwesen durch Beutezüge erschüttert hatten. Ein 1500 bis 2000 Mann starker Heereszug überraschte die Ritter, die zunächst der zahlenmäßigen Überzahl auswichen und sich in ihrer Burg verschanzten.

Die Frankfurter überließen sich siegestrunken dem Brandschatzen, schälten die berühmten Kronberger Kastanienbäume oder brannte sie nieder. Nur zwei Tage später erschien jedoch Pfalzgraf Ruprecht und eine Reiterschar von 200 schwergerüsteten Gleven auf dem Schlachtfeld, die die ungeübten Kämpfer aus Frankfurt schnell zurückgedrängten. Geschlagen flohen die Freien Städter in Unordnung ihrer Vaterstadt zu und hätten die wehrlose Stadt sicher an die «Cronberger» verloren, wenn nicht die Nacht hereingebrochen wäre. So aber war das Resultat der Fehde gegen Kronberg für die Reichsstädter nur ein finanzielles Desaster: 73.000 Gulden wurden insgesamt für die Auslösung der Gefangenen verlangt – bis zum Jahr 1394 zahlten die Frankfurter Stände diese Kriegsschuld ab.

Eine Festung wird Gefängnis

Die Burg Königstein ist die bedeutendste und größte Burganlage im Taunus. Nach den Herren von Münzenberg, die in der zweiten Hälfte des 12. Jahrhunderts die Anlage gründeten, waren von 1255 die Falkensteiner und ab 1581 Kurmainzer die Herren auf der Burg. Unter den Eppsteinern nahmen Burg und Stadt Königstein einen beträchtlichen Aufschwung. Als nach deren Aussterben die Feste an die Stolberger ging, wurde die Burg zu einer kleinen Festung ausgebaut. Auch zur Kurmainzischen Zeit wurde die Burg durch den französischen Baumeister Vauban weiter befestigt, so dass es nicht verwundert, dass die Mainzer ihr Staatsgefängnis nach Königstein verlegten.

Doch die Befestigungsanlagen hielten der Kriegskunst des 17. Jahrhunderts nicht mehr stand. Zweimal mussten die Königsteiner bei der französisch-hessischen Invasion 1688 und 1745 kapitulieren. Scharmützel und Kriege folgten – und dann wollten die Franzosen, kurz nachdem sie die Schlacht bei Amberg verloren hatten, bei ihrem Abzug im Jahre 1796 noch der Burg Königstein den Garaus machen. Der trockengelegte Brunnen im Burghof wurde mit Pulver und brennbaren Materialien gefüllt und angezündet. Es kam zu einer gewaltigen Explosion, bei der ein großer Teil des Schlossgebäudes einstürzte. Als die Franzosen ein Jahr später wiederkamen, wollten sie ihr Zerstörungswerk vollenden, Steine wurden abtransportiert und versteigert und Dächer abgedeckt.

Die Ruine gelangte bei der Aufteilung von Kurmainz in den Besitz des nassauischen Fürstenhauses und wird der Stadt Königstein im Jahr 1922 von Hilda von Baden, Tochter der letzten nassauischen Herzogin, geschenkt. Seitdem ist die Burgruine, die von der Kommune erhalten wird, in den Sommermonaten Mittel-

punkt zahlreicher kultureller Veranstaltungen. Dazu zählen Theateraufführungen und Rockkonzerte.

Nur eine halbe Stunde Fußweg von der Königsteiner Burgruine entfernt thront auf dem mehr als 500 Meter hohen Ausläufer des Altkönigs Burg Falkenstein. Die noch vorhandenen Ruinen mit dem mächtigen Bergfried gehen auf das 13. Jahrhundert zurück. Bauherr waren die Herren von Bolanden-Falkenstein. Als Reichsministerialen trat das Geschlecht nach dem Tode des letzten Münzenbergers in Falkenstein das Erbe der Burg Nürings an, die jedoch vermutlich schon im 13. Jahrhundert zerfallen war.

Westlich der Falkensteiner Burg sind nur noch Reste der Grundmauern in einer Felswanne erhalten. Die Herren von Falkenstein waren Raubritter, die den Frankfurtern das Vieh stahlen, ebenso wie ihre so genannten Ganerben (Miterben), die Herren von Kronberg und Hattstein. Als Philipp VI. von Falkenstein sich im 14. Jahrhundert wegen eines solchen Händels mit den Wetteraustädten anlegte, trafen ihn Reichsacht und Eroberung seiner Burgen.

Von Raubrittern zu Domherren

Mit wildem Geschrei dringen sie durch das Gebüsch, und den «Pfeffersäcken» aus Frankfurt wird bei ihrem Anblick wohl angst und bang. Die Raubritter der Reifenberger oder Hattsteiner genießen in der ersten Hälfte des 15. Jahrhunderts einen gar schaurigen Ruf unter der gerade erblühten Kaufmannschaft. Auf Goldmünzen, Waren und Vieh haben sie es abgesehen, und wenn einer der Reisenden nicht genug Geld in der Börse hat, dann schreckt die Ritterzunft auch nicht davor zurück, Adelige oder reiche Kaufleute gefangen zu nehmen und Lösegeld zu erpressen. Die Reifenberger lebten auf der Burg Oberreifenberg, die um das Jahr 1200 errichtet wurde, die Hattsteiner hatten ihre Stammburg auf einem kleinen, zur Weil steil abfallenden Vorsprung des Sängelberges erbaut, etwa zwischen Arnoldshain und Seelenberg.

Das gesamte Spätmittelalter ist gekennzeichnet von solchen Fehden zwischen Frankfurt und den Reifenbergern. Trotzdem mag es verwundern, dass aus dem Raubrittergeschlecht nach dem

Ende des 18. Jahrhunderts sprengten französische Truppen die Königsteiner Festung. Die Ruinen bilden heute die Kulisse für Theateraufführungen und Konzerte.

Aber auch ohne Kulturangebot lockt die Befestigungsanlage, die eine der größten im Taunus ist.

Vom Raubritternest zum Denkmal: Burg Reifenberg in Oberreifenberg.

Dreißigjährigen Krieg im Jahre 1648 der Reifenberger Philipp Ludwig, Domherr und späterer Regierungspräsident von Erfurt, zunächst als eine höchst angesehene Persönlichkeit hervorging. Allerdings wirtschaftete er in Erfurt in die eigene Tasche, verschaffte sich mit Hilfe von Betrügereien etliche sächsische Dörfer und führte einen höchst unmoralischen Lebenswandel. Dies führte letztlich zu seiner ersten Verhaftung am 11. Februar 1667, bei der er in Würzburg eingekerkert wurde. Auch wenn sich die ihm zu Last gelegten Verbrechen als unwahr herausstellten und er nach siebenjähriger Haft zunächst drei Jahre lang frei kommt, endete Philipp Ludwig doch in einer dunklen Kerkerzelle. Seine letzten zehn Lebensjahre, von 1676 bis 1686, verbrachte der Ritter in der Festung Königstein, wo sein Leichnam später verscharrt wurde.

Die Burg Reifenberg im Schmittener Ortsteil Oberreifenberg war zu dieser Zeit schon eine Ruine. Die im 12. Jahrhundert angelegte Feste wurde in ihrer Blütezeit im 14. Jahrhundert entscheidend ausgebaut, sie war oft umkämpft und wurde 1646 stark zerstört. 1681 wurde die Burg auf Veranlassung des Mainzer Dombischofs geschleift. Als die Ruine 1806 zu Nassau kam, war sie weitgehend in dem Zustand, den Besucher heute noch antreffen: Dort zeugen der mächtige Bergfried, der starke Wohnturm, die große Schildmauer und der tiefe Halsgraben auch Jahrhunderte nach der Herrschaft der Reifenberger noch von einer einstmals stolzen Feste.

Hilfsplan verwandelt die Hattsteiner Raubritter

«Reiten und Rauben ist keine Schand' – das tun die Besten im Land» – dies könnte der Slogan der Hattsteiner Ritter gewesen sei. Die Edelfreien mit ihrer Stammburg auf dem Sängelberg gehören dabei zu einer der ältesten Adelsfamilien im Hochtaunus: Die erste urkundliche Erwähnung nennt schon 1156 einen Guntramus de Hazzechenstein. Doch im 14. Jahrhundert sinkt das Geschlecht zu Raubrittern herab, die Hattsteiner sind berüchtigt und treiben ihr Unwesen auch noch weiter, als ein städtisches Landfriedensgebot 1379 ihre Burg erobert und die Raubritter schwören müssen, künftig «weder Geistliche, Pilger, Kaufleute, Juden noch andere Personen» zu überfallen.

Der Eid der Hattsteiner ist jedoch nicht das Pergament wert, auf dem er steht: Zusammen mit den Reifenbergern

Der Bergfried kann bestiegen werden.

Der Königsflügel des Bad Homburger Schlosses, fotografiert durch das Gartenportal an der Dorotheenstraße.

wird ein Kaufmann aus Brabant und das Kloster Thron nur drei Jahre nach dem Schwur überfallen. Die darauf sofort eingeleitete Strafaktion scheitert zunächst daran, dass die Verbündeten es für den eigenen Geldbeutel erträglicher finden, gemeinsame Sache mit den Raubrittern zu machen. Erst die Frankfurter Stadttruppen erobern 1432 in einem Überraschungsangriff die Burg, die zu diesem Zeitpunkt ohnehin schon in einem baufälligen Zustand ist. Die Sieger setzen Miterben ein, darunter auch Walther von Reifenberg, der die Schlossanlage 1467 kurzerhand schleifen lässt.

Die Einnahme von Burg und Flecken im Jahr 1432 setzt dem Rittergeschlecht jedoch kein Ende, sondern markiert ein Wiedererblühen des Wohlstands der Hattsteiner. Den Raubrittern gedeiht von der Stadt Frankfurt, dem Erzbistum Mainz und den Herren von Ysenburg-Büdingen eine Art Wirtschaftshilfe an. Dies verwandelt die wilden Gesellen in ordentliche Ritter, die schließlich sogar in die Burggemeinschaft der Reichsburg Friedberg aufgenommen werden. Als Marquardt von Hattstein im Jahre 1541 stirbt, hinterlässt er ein beachtliches Vermögen; sein Sohn wird schließlich sogar Domherr in Mainz.

Arbeitszimmer mit kaiserlichem Sattelsitz im Homburger Landgrafenschloss

Eine Beinprothese und ein kaiserlicher Sattelsitz gehören zum faszinierenden Inventar des Bad Homburger Schlosses. Auch das barocke Bauwerk oberhalb der Altstadt mit seinen zwei Innenhöfen war, lange bevor es zum Museum wurde, einmal eine wehrhafte Burg. Der «Weiße Turm», Homburgs 48 Meter hohes Wahrzeichen, ist jedoch der einzig erhalten gebliebene Teil jener Anlage, deren Ursprünge vor das Jahr 1171 zurückgehen. Heute gewähren die Führungen weniger Einblicke ins tiefe Mittelalter als solche in die Lebenskultur der Landgrafen und der kaiserlichen Familie. Homburgs Schloss, seit 1866 preußische Sommerresidenz, ließ Kaiser Wilhelm II. nicht nur kräftig renovieren, sondern im Inneren auch nach seinem Geschmack umgestalten.

Seine heutige Grundstruktur hat das Bad Homburger Schloss oberhalb der Altstadt allerdings nicht Wilhelm II., sondern seinem «Sonnenkönig» zu verdanken, dem Landgrafen Friedrich II., der 1680 die Regierung übernahm. Friedrich, der Mann mit der Beinprothese, war

baufreudig wie viele seiner Zeitgenossen. Er ließ die alte Burg bis auf den Weißen Turm abreißen, um ein abgerundetes Kunstwerk aus einem Guss zu schaffen.

Der Grundstein zur «Friedrichsburg», dem fürstlichen Stammhaus, wurde am 14. Mai 1680 gelegt. In den folgenden Jahrhunderten hat das Schloss noch zahlreiche Veränderungen erfahren. Besonders Landgräfin Elizabeth nahm starken Einfluss auf die kleine Residenzstadt. Die letzte Umbauphase erlebt das Landgrafenschloss, als es 1866 an Preußen fiel.

Teile der Einrichtungen aus jener Homburger «Kaiserzeit» sind heute zu besichtigen, beispielsweise das Schlafzimmer Wilhelm II. oder sein Badezimmer

Nomen est omen: Der Weiße Turm, Bad Homburgs Wahrzeichen und ältester Teil des Schlosses. Ganz oben gibt es ein kleines Museum.

EIN HOMBURGER LANDGRAF, DER DANK KLEIST WELTBERÜHMT WURDE

In der Geschichte der Literatur gibt es nur wenig künstliche Körperteile, die eine vergleichbare Furore gemacht haben wie die eiserne Hand des Götz von Berlichingen. Dazu gehört auch das bemerkenswerteste Ausstellungsstück im Homburger Schlossmuseum: das silberne Bein des hessisch-homburgischen Landgrafen Friedrich II. Der junge Prinz verlor sein eigenes Bein im Jahr 1659 in schwedischen Diensten, als er gegen die Dänen kämpfte. Das Silberbein, das er sich anschließend anfertigen ließ, war ein Werk des hessisch-homburgischen Baurates, Schlossbaumeisters, Architekten, Ingenieurs und Alchimisten Paul Andrich. Die von ihm gefertigte Prothese hat ein Gewicht von fünf Kilogramm und wurde mit einem Schultergurt festgezurrt. Das Kunstbein ist die älteste erhaltene europäische Beinprothese, die wegen ihrer genialen Konstruktion noch heute verwundert: Es verfügte über einen Mechanismus, der Muskelkraft ersetzen konnte und für ein Abrollen des Fußes sorgte.

Weltweite Karriere hat Hessen-Homburgs «Sonnenkönig» allerdings nicht mit seinem Bein gemacht, sondern durch das 1811 von Heinrich von Kleist verfasste Theaterstück. «Der Prinz Friedrich von Homburg» gehört seit 1846 zu den Standardwerken der Bühnen in Deutschland, Österreich und Frankreich. Kleist gestaltete mit großer dichterischer Freiheit die Ereignisse in der Schlacht von Fehrbellin 1675 nach, die als Geburtsstunde Preußens gilt und in der der «Landgraf von Homburg» trotz amputiertem Bein einen militärisch wichtigen Part übernahm.

mit Nickelbadewanne in Eicheneinfassung. Auch das Arbeitszimmer samt Stehpult mit Sattelsitz und das Toiletten- und Ankleidezimmer der Kaiserin sind erhalten.

Hausherr des Schlosses ist die Verwaltung der Staatlichen Schlösser und Gärten in Hessen, die hier ihre Hauptverwaltung hat. Eine Besucherattraktion sind die Tage der offenen Tür im ehemaligen Landgrafenschloss. Abends wird das Gebäude dann durch Tausende von Kerzen illuminiert.

Landgraf Friedrich VI.

Der Weiher im Schlosspark, einer der malerischsten Plätze der Stadt.

MÄZENIN MIT NATURLIEBE UND KUNSTSINN: LANDGRÄFIN ELISABETH

Wie war das, was man in früheren Jahren eine alte Jungfer nannte. Ihre hochwohlgeborenen Eltern hatten sich lange und vergeblich auf dem internationalen Heiratsmarkt umgesehen, bis die Wahl des englischen Königs Georg III. auf den bettelarmen und noch älteren Erbprinzen Friedrich-Joseph von Hessen-Homburg als beste aller schlechten Partien für seine Tochter, Prinzessin Elisabeth, fiel.

Dass eine englische Prinzessin ausgerechnet in dem kleinsten der deutschen Fürstentümer fortan leben sollte, war sogar der englischen Presse des Jahres 1818 schon einige Spottverse wert. Das ältliche Paar in Bad Homburg, Elisabeth war bereits 48 Jahre alt, wurde als «couple of humbug» diffamiert und in erbarmungslosen Karikaturen herabgewürdigt. Die Alliance zwischen dem armen Erbprinzen und seiner reichen Prinzessin entwickelte sich allerdings für das Kleinstädtchen Homburg als wahrer Glücksfall. Heute wird das «späte Mädchen» als bedeutendste Frau der Bad Homburger Heimatgeschichte gewürdigt.

Die reife Elisabeth, Prinzessin von Großbritannien und Irland, Herzogin von Braunschweig und Lüneburg, mochte zwar nicht mit ihren weiblichen Reizen verzücken, war aber den Chronisten ihrer Zeit zufolge eine gescheite, künstlerisch höchst begabte und obendrein reiche Frau: Eine Mitgift von 40.000 Talern samt jährlicher Apanage von 13.000 Pfund brachte sie mit in die deutsche Provinz – ein ausreichendes Vermögen, um die neue Heimat im eigenen Sinne zu gestalten.

Zunächst ließ Elisabeth ein neugotisches Lustschlösschen nach den Vorbildern englischer Architekten errichten. Die Landgräfin hatte auch die Vorbilder ihrer angelsächsischen Heimat vor Augen, als sie damit begann, das arme Homburg mit anderen Bauten zu verschönern.

Mit Sachverstand und ästhetischem Empfinden baute die Landgräfin auch die Homburger Parklandschaft aus, zeichnete eigenhändig die Entwürfe für den «Englischen Garten» östlich des Schlosses und gestaltete den «Kleinen Tannenwald» zu ihrem geliebten «little wood» mit Cottage. Der einstige englische Garten wurde 1958 parzelliert und mit Einfamilienhäusern bebaut. Der «kleine Tannenwald» bietet sich heute als eine Mischung aus wildem Biotop und Müllplatz dar. Hinter Brombeerhecken liegt Elisabeths Cottage, eine Meierei nach englischem Vorbild mit herausgebrochenen Fenstern und bröckelndem Putz.

Noch immer sehenswert ist dagegen der Forstgarten, der ebenso von der kunstsinnigen Engländerin angelegt worden ist. Auf die englische Landgräfin geht auch die Tannenwaldallee zurück, die vom Schloss schnurgerade bis zum Gotischen Haus und über die Elisabethenschneise in den Wald führt.

Elisabeth galt als begabte und begeisterte Künstlerin. Das renommierte Künstler-Lexikon Thieme-Becker von 1914 vermerkt sie als «Malerin und Silhouettenkünstlerin (Dilettantin), die sich namentlich in ihrer Jugend viel mit Zeichnen und besonders mit der damals in Blüte stehenden Silhouettenkunst» beschäftigt und sogar ein Zimmer im Schloss zu Windsor mit Chinoiserien ausgemalt habe. Die kunstfertigen Bilder Elisabeths sind immer wieder einmal in der Region in Ausstellungen zu sehen.

Stadtgrün aus der Landgrafenzeit.

Hinter den Hügeln wartet die Nassauer Geschichte

Nach dem Besuch des Bad Homburger Schlosses bietet sich für die Burgenfahrt ein Abstecher entlang der Ferienstraße in den hinteren Taunus an, die zugleich eine Zeitreise in die Nassauer Geschichte ist. In der Nähe der ehemaligen nassauischen Residenz- und Kreisstadt Usingen mit der sehenswürdigen Laurentiuskirche liegt Schloss Kransberg. Es war einst die Burg der Craniche von Cranichsberg, die zur Stauferzeit zur Reichsdienstmannschaft der Wetterau gehörten. Die Herren von Kransberg starben bereits 1326 aus, nachdem sie ihre Herrschaft an die Herren von Falkenstein verkauft hatten.

Einige Jahrhunderte später erwarben die Grafen von Waldbott-Bassenheim die Burg. Die 700 Jahre alte Immobilie erlebte bis in die jüngste Gegenwart eine wechselvolle Geschichte. 1939 hatten die Nationalsozialisten das Gemäuer beschlagnahmt. Reichmarschall Hermann Göring diente das Schloss als Residenz nahe des Führerhauptquartiers Adlerhorst bei Ziegenberg in der Wetterau. Nach dem Krieg wurde die Burg von den Amerikanern genutzt, später von der Bundesstelle für Fernmeldetechnik.

Von Kransberg lohnt sich der Weg zur Burg nach Altweilnau, nach der sich die Diezer Grafen benannten. Die Burg ist 1208 errichtet worden zur Sicherung der Diezer Rechte im Usinger Becken. Wer von dem alten Burggemäuer, dessen Treppenaufgang in den blanken Fels geschlagen ist, mit dem Fernglas ins weite Rund blickt, entdeckt Schloss Neuweilnau. Es geht ebenfalls auf die Grafen von Diez zurück, die ihre Herrschaft schon früh in Alt- und Neuweilnau teilten. Bereits im 14. Jahrhundert wurde die Burg jedoch von den Grafen von Nassau erworben, die von hier aus ihre Macht über den Taunus

Altweilnau und seine Feste aus der Nähe ...

... und aus einiger Entfernung.

weiter ausbauten. Allerdings täuscht der beschauliche Eindruck, der von dem Ort ausgeht, über die historische Bedeutung: Bevor Usingen im 17. Jahrhundert zur Stadt ausgebaut wurde, lag die «Hauptstadt» der Nassauer Herrschaft in Neuweilnau.

In Usingen, das die Nassauer Grafen mit Neuweilnau erworben hatten, ließen die Herren im 16. Jahrhundert eine bereits bestehende Burg zu einem Schloss ausbauen. Graf Walrad von Nassau-Usingen schuf sich hier eine barocke Residenz, machte die Stadt zu seiner Landeshauptstadt im «Usinger Land». Unter seiner Regierung blühte Usingen auf, wie der Bau der Neustadt zeigt. Von dieser einstigen Pracht sind heute nur noch die Spuren zu erkennen. Die im dreißigjährigen Krieg verwüstete und von Bränden heimgesuchte Stadt kam in den folgenden Jahrzehnten zwar nochmals zu neuer Blüte. Das zwischen 1730 und 1753 erneuerte

Schloss Neuweilnau liegt in Sichtkontakt.

Das Idsteiner Schloss.

Schloss brannte jedoch 1873 ab. Ein neuer Bau wurde für das im 19. Jahrhundert ansässige Lehrerseminar errichtet. Heute befindet sich darin ein Gymnasium, das direkt gegenüber Usingens imposantem Fachwerkrathaus liegt.

Über die Schieferdächer der Altstadt von Idstein ragen der Hexenturm und das einstige Residenzschloss der Grafen von Nassau-Idstein prägnant hervor. Der mächtige Bergfried ist um das Jahr 1350 errichtet worden. Sein Namen geht auf die Hexenprozesse des 17. Jahrhunderts zurück, der 35 Männer und acht Frauen zum Opfer fielen. Der Turm ist heute das Wahrzeichen Idsteins, er weist den Weg in die historische Altstadt. Das Ensemble aus alten Fachwerkhäusern, die sich um das Alte Rathaus gruppieren, ist dominiert von dem Bergfried. Er überragt majestätisch die Fachwerkkulisse und verleiht der Altstadt jenes pittoreske Aussehen, das die Besucher so schätzen. Das Killinger-Haus, in dem das Heimatmuseum untergebracht ist, gilt als Fachwerkgebäude

Das Killingerhaus, ein Fachwerkgebäude in imposanter Renaissancegestaltung.

mit einer der reichsten und imposantesten Gestaltungen der Renaissance in Deutschland.

In der Nähe von Weilmünster liegt der Ort Weinbach, in dem es gleich drei Burgruinen gibt. Von Burg Gräveneck, 1395 oberhalb der Lahn von Graf Philipp von Nassau-Weilburg errichtet, sind nur noch Reste der Befestigungsmauer und des Turmes zu sehen. Auch die Burg Neu-Elkerhausen, die bereits im Jahr 1352 auf den Fundamenten einer alten Wasserburg errichtet wurde, hat die Jahrhunderte nicht überlebt. Dagegen ist Burg Freienfels als die älteste der drei Wehranlagen heute ein sehenswertes Wanderziel. Ihre Ruine lässt noch deutlich den Grundriss der spätmittelalterlichen Befestigungsanlage erkennen. Sie wurde vermutlich Ende des 13. Jahrhunderts auf dem steilen Felsen oberhalb des Weiltals von den Grafen von Weilnau ohne Zwinger und ohne Vorburg errichtet. Von 1331 an gehörte sie den Grafen von Nassau, denen sie als Stützpunkt für ihre Auseinandersetzungen mit den Rittern von Elkerhausen diente. Ende des 14. Jahrhunderts verlor die Burg ihre Bedeutung und zerfiel langsam. 1996 hat der Förderverein Burg Freienfels die Ruine zum symbolischen Preis vom Land Hessen gekauft und bemüht sich seitdem, die Anlage zu erhalten. Jedes Jahr finden hier die Freienfelser Ritterspiele statt.

Von der einstigen Größe der Grafen von Katzenelnbogen zeugen die Burgruine von Burgschwalbach, die als Stammsitz des Geschlechts im 14. Jahrhundert besonders wehrhaft konstruiert war, und die Burgruine Hohenstein aus dem späten 12. Jahrhundert, die später zur Nebenresidenz ausgebaut und durch zwei unterschiedlich alte Schildmauern und einen Bergfried geschützt wurde.

Die Burgruine Hohenstein, in deren überdachtem Innenhof regelmäßig die Burgfestspiele stattfinden.

Der Marktplatz der Hexenturmstadt.

Im dreißigjährigen Krieg begann der Verfall der Wehranlage, die 1815 an Nassau ging. Die Ruine wechselte nach dem Zweiten Weltkrieg in das Eigentum des Landes. Teile der Burg wurden wiederhergestellt. Die restaurierten Räume werden seit einigen Jahren als Restaurant und Hotel genutzt. In den Sommermonaten finden im überdachten Innenhof der Burg die Burgfestspiele statt. Nassauisch waren auch Burg Adolfsheck und Burg Hohenfels. Zwischen Burgschwalbach und Katzenelnbogen gelegen, gelang es den Nassauern im 14. Jahrhundert, mit Hohenfels sehr nahe an den Stammsitz ihrer Konkurrenten heranzurücken.

Hausherr im bedeutendsten hessischen Schloss aus der Renaissancezeit, das sich in der Lahnschleife hoch über Weilburg erhebt, ist die Staatliche Verwaltung der Schlösser und Gärten in Hessen. Das Schloss, das den Grafen von Nassau bis 1816 als Residenz diente, ist somit heute im Besitz des Landes Hessen. Der erste deutsche König aus dem Hause Nassau, Adolf I., verlieh dem Ort 1295 die Stadtrechte. Schloss Weilburg, dessen Innenhof vollständig erhalten geblieben ist, gibt Jahr für Jahr die romantische Kulisse für Sommer-Konzerte ab. Im 18. Jahrhundert

Typisch französisch: Die Untere Orangerie im Weilburger Schlossgarten mit barocker Gartenanlage.

Der Innenhof des Schlosses, dessen Räume eine Besichtigung wert sind.

wurde es unter Graf Johann Ernst, der nach Reisen in die Niederlande und Frankreich mit großen Bauplänen zurückkehrte, erheblich erweitert. Er ließ die Schlosskirche und als Verbindungsstück die obere Orangerie errichten und erweiterte damit das Schloss in den Garten hinaus, der mit seinen Terrassen und durch die Hanglange hoch über dem Flüsschen von besonderem Reiz ist. Ganz im Stil des Barock ist die untere Orangerie gehalten, die sich an französischen Vorbildern orientiert. Im 18. Jahrhundert galt Weilburg dank Johann Ernst als modernste der kleinen Residenzen Deutschlands. Schloss, Garten und der barocke Marktplatz mit dem Neptunbrunnen bieten dem Besucher ein pittoreskes Bild, in der die Enge mittelalterlichen Fachwerks, die Weite und Großzügigkeit barocker Architektur und der Charme einer gepflegten Gartenlandschaft miteinander verschmelzen. Im Schlossmuseum können etwa 35 Räume mit Originaleinrichtungen besichtigt werden, darunter die Barockküche, das Marmorbad, das Chinakabinett und die Gartensäle der Oberen Orangerie.

Zu den Sehenswürdigkeiten zählen eine historische Küche und die Gartensäle der Oberen Orangerie.

Weilburg hat ein Stadtbild, das südländisch wirkt.

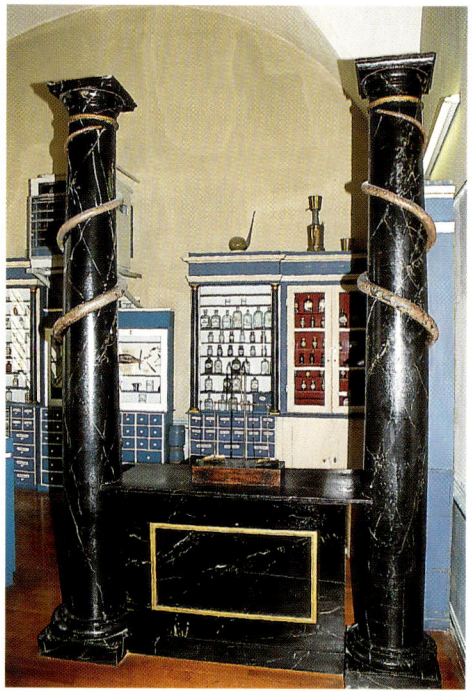

Alte Apotheke im Schlossmuseum Weilburg.

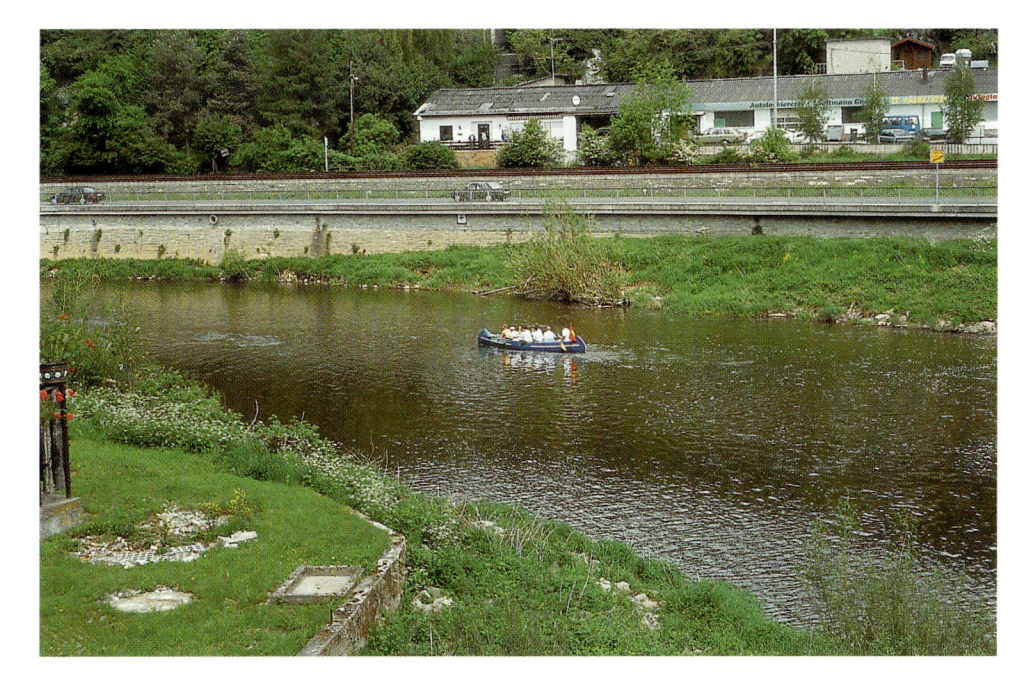

Die Lahn ist ein Eldorado für Wassersportler, die Landschaft um Weilburg eines für das liebe Vieh.

Noch innerhalb des Naturparks Hochtaunus und südlich der Lahn liegt Schloss Braunfels, erstmals 1246 als «Castellum Brunivels» erwähnt. Die Burg war Sitz der Solmser Grafenhäuser. 1679 brannte das Schloss ab, wurde aber wieder aufgebaut und in eine barocke Residenz verwandelt. 1847 wurde der Rittersaal fertig gestellt, in dem heute Kriegs- und Jagdwaffen ausgestellt sind. In den anderen Räumen finden sich Gemälde und Gobelins, sakrale Kunstwerke, Ölbilder des Jagdmalers Johann Deiker und das Fürstliche Familienmuseum.

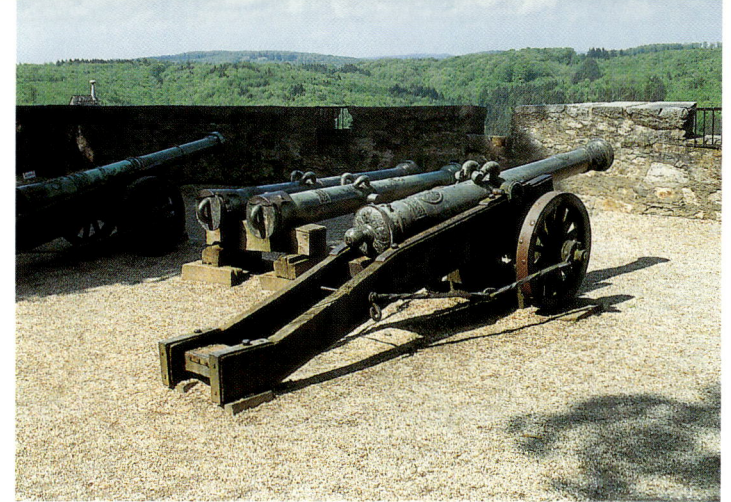

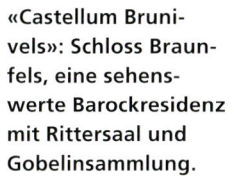

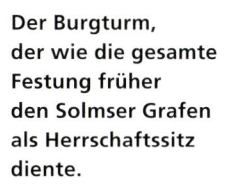

«Castellum Brunivels»: Schloss Braunfels, eine sehenswerte Barockresidenz mit Rittersaal und Gobelinsammlung.

Der Burgturm, der wie die gesamte Festung früher den Solmser Grafen als Herrschaftssitz diente.

GLAUBENSFLÜCHT-LINGE SORGEN FÜR DEN WIRTSCHAFTS-AUFSCHWUNG

«Je trouve ici mon asile» – «Hier finde ich meine Zuflucht» steht auf der Kanzel der Waldenser-Kirche im Bad Homburger Stadtteil Dornholzhausen. Es war der «Prinz von Homburg», der im 17. Jahrhundert protestantischen Flüchtlingen in seinem «Ländchen» eine neue Heimat gab. «Lieber will ich mein Silbergerät verkaufen, als diese Leute ohne Unterstützung zu lassen!» – mit diesen Worten soll Friedrich II. auf das Elend der Glaubensflüchtlinge reagiert haben, die nach der Aufhebung des Toleranzediktes von Nantes durch Louis XIV. zu Hunderttausenden Frankreich verließen.

Von 1686 an lassen sich die ersten «Réfugiés» in Homburg und der vom Landgrafen neugegründeten Hugenottensiedlung Friedrichsdorf nieder. 1699 kamen 40 Waldenserfamilien hinzu. Sie legten in dem heutigen Bad Homburger Stadtteil Dornholzhausen ein kleines Dorf an, in dessen Mitte sie eine bescheidene Holzkirche bauten, die sie erst 24 Jahre später durch eine steinerne ersetzten. Sie steht noch heute.

Der «Wäschfraa-Brunnen» in Oberursel.

Das Kalkül des Landgrafen mit seiner fortschrittlichen «Asylpolitik» ist in den folgenden Jahrzehnten weitgehenden aufgegangen. Vor allem Friedrichsdorfs Wirtschaft gedieh. Das Dorf galt schon in der Mitte des 18. Jahrhunderts als das reichste Amtsdorf. Seit 1771 durfte es sich Stadt nennen. Sowohl die Hugenotten wie die Waldenser bewahrten sich sehr lange ihre Eigenständigkeit. Bis 1836 wurden die Akten im «Hugenottendorf» in französischer Sprache gepflegt, in der Kirche predigte der Pfarrer bis zum Kriegsausbruch 1914 in Französisch, und die Schule hat über den ersten Weltkrieg hinaus ihre französischsprachige Prägung behalten.

Diese Bindung an Sprache und Sitte war auch der Grund, warum 1890 in Friedrichsdorf der Deutsche Hugenotten-Verein gegründet wurde und dort bis heute einmal im Jahr der Hugenottenmarkt veranstaltet wird. In Usingen belegt die Hugenottenkirche am Neuen Marktplatz, dass Fürst Walrad von Nassau-Usingen in seiner Residenz ebenfalls Réfugiés angesiedelt hatte.

Hugenottenkirche in Usingen.

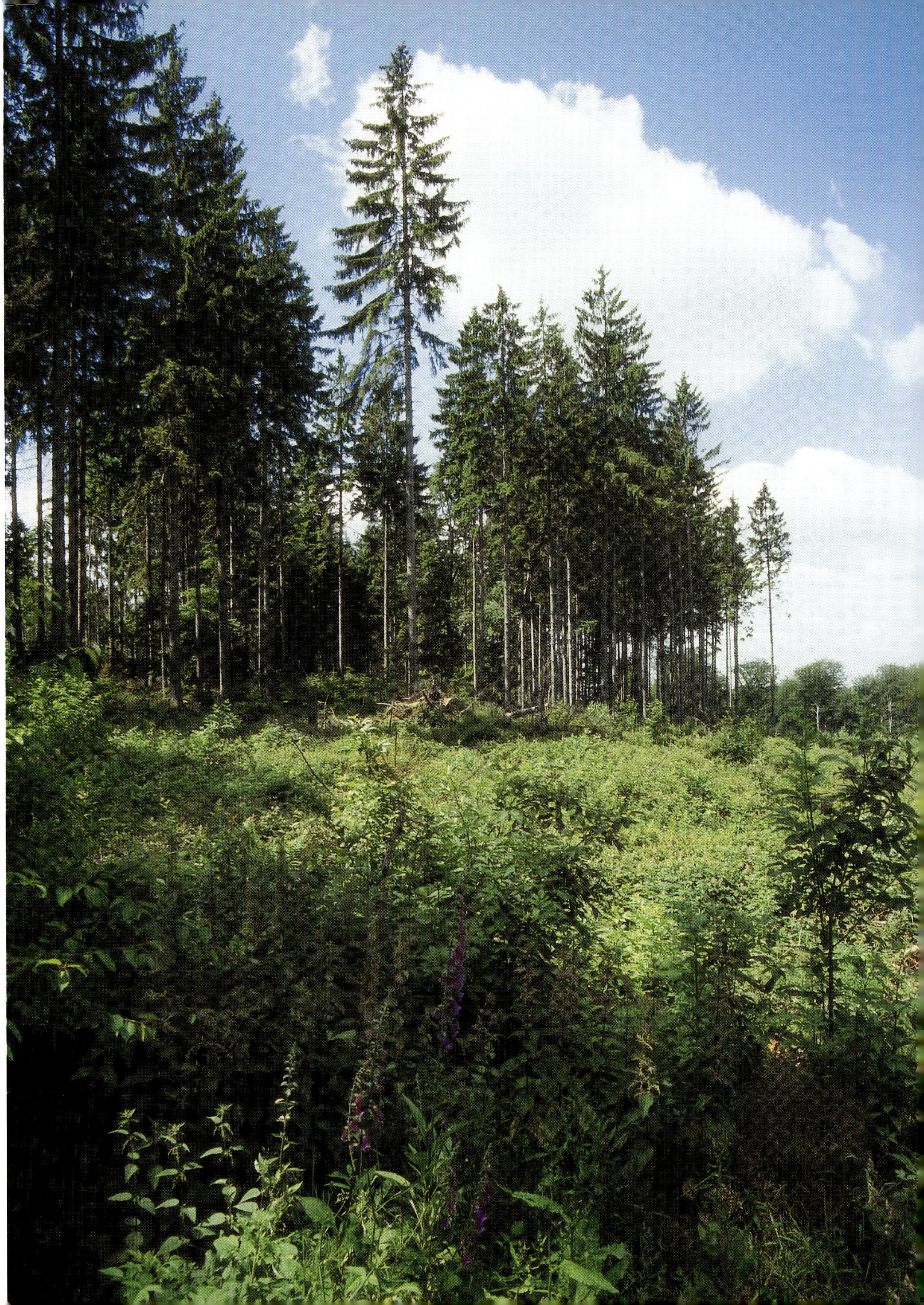

DAS MÄRKERGEDING, DIE AKTIONÄRSVERSAMMLUNG DES MITTELALTERS

Mitten in Oberursel befindet sich ein Gedenkstein, der auf ein «Märkergeding» verweist. Nun werden viele fragen: Was ist ein Märkergeding? Im übertragenen Sinne könnte man sagen, ein Märkergeding bezeichnet die Aktionärsversammlung des Mittelalters. Aktionäre waren die Märker, und so durfte sich jeder nennen, der «eigenen Rauch» an einem Marktort besaß. Das Unternehmen, an dem die Märker Aktien hielten, war der Wald. Eine der bedeutendsten genossenschaftlichen Waldnutzungsgemeinschaften des Mittelalters war die Hohe Mark. Ihr Name leitet sich von der alten Bezeichnung des Taunus, der «Höhe», ab und bedeutet «Mark auf der Höhe». Die Hohe Mark existierte vermutlich bereits in karolingischer Zeit. Der Wald war ungeteiltes Eigentum der Märker und wurde durch deren Genossenschaft verwaltet. Die jährliche Versammlung der Genossenschaft entsprach in seinem Charakter einer Mischung aus Volksgericht, Verbandstagung und Volksfest. Auf die Aue vor Oberursel kamen «Mittwoch in der vollen Woche nach Pfingsten» etwa dort, wo heute der Gedenkstein steht, mehrere tausend Personen mit hunderten von Pferden und Wagen zusammen. Nach der Frankfurter Messe war dies die wichtigste Zusammenkunft im ganzen Frankfurter Raum. Im Verlaufe der Beratung wurden unter dem Vorsitz des Waldboten Verordnungen und Regelungen verlesen, Rechtsstreitigkeiten erörtert, Märkermeister und Markbeamten gewählt und die künftige Benutzung der Mark festgelegt.

Erst im 18. Jahrhundert verfiel die Markdisziplin immer mehr. 1813 wurde mit einer symbolischen Leerung des Hohe-Mark-Pokals auf dem Großen Feldberg die Aufteilung der Mark auf die Orte nach der jeweiligen Zahl der ansässigen Märker besiegelt. Seitdem gibt es den Stadtwald. Der Pokal, wichtigstes Symbol der Genossenschaft, steht heute im Schlossmuseum in Darmstadt.

Oben: Fachwerkbauten am historischen Marktplatz in Oberursel, links das Historische Rathaus.

SCHLEMMEN UND FEIERN

Wo die Liebe zum Taunus durch den Magen geht

Jahr für Jahr geben zwischen Bad Camberg und Bad Homburg geschätzte 3,5 Millionen Gäste etwa 100 Millionen Mark aus, angezogen vor allem durch die gelungene Verbindung von Küche, Landschaft und Kultur. Und nicht nur die Häuser mit den vielen Feinschmecker-Sternen sind dafür verantwortlich. Das kulinarische Angebot bietet für jeden etwas, vom Wirtschaftsmanager bis zur Wandergruppe: So steht Deutschlands erstes Haus, das Schlosshotel, in Kronberg, Bad Homburgs beliebteste Wanderhütte auf dem Herzberg, und in Hochheim beginnt die gastronomische Welt der Straußwirtschaften.

Ob das musikalisch inszenierte Mehrgang-Menü mit auserlesenen Weinen aus aller Welt oder «Spundekäs» mit Rheingauer Riesling – der Taunus-Speiseplan bietet für jeden Gaumen etwas.

Im Hintertaunus sind es vor allem die Landgasthöfe, die für eine solide Regionalküche sorgen. Damit dem Gast die Orientierung leichter fällt, «flaggt» der Hotel- und Gaststättenverband Usinger Land regelmäßig seit einigen Jahren. Die kleinen Fahnen oder großen Banner weisen den Weg zu den «Gaumenfreuden an der Hochtaunusstrasse», wie die Gemeinschaftsaktion genannt wurde. Auf der Karte findet der Gast mit Sicherheit Wildgerichte und andere deftige Hessen-Menüs wie «Schweinekamm in Ebbelwoi» oder «gefüllte Wirsingkugeln in Kräutersauce».

Eine erste Orientierung soll der folgende kleine lukullische Streifzug bieten.

Ausflugslokale

■ Nach einem Spaziergang durch den Kronberger Wald findet der Wanderer im rustikalen Restaurant und Waldcafé «Bürgelstollen» (Kronberg, Bürgelstollenstraße 1, Telefon: 06173/78981, Montag Ruhetag, geöffnet 14 bis 1 Uhr, sonntags 12 bis 1 Uhr) oder auf der Gartenterrasse einen Ruheplatz. Die Küche bietet neben traditionellen Fleischgerichten raffinierte Kartoffelkompositionen.

■ Wer den 25 Meter hohen Aussichtsturm auf dem Herzberg bestiegen hat, der kehrt nach dem Abstieg am besten in die

Gaststätte «Herzberg».

historische Gaststätte «Herzberg» (Bad Homburg, Herzbergturm, Telefon: 06172/32446, Montag und Dienstag Ruhetag) ein. Dort soll schon Kaiser Wilhelm II. gesessen haben. Der Gast wird in der Wandergaststätte mit deftigen Speisen gestärkt.

■ Auf den letzten deutschen Kaiser beruft sich auch das Landgasthaus «Saalburg» am Römerkastell (Telefon: 06175/1007, Montags Ruhetag, 12 bis 24 Uhr geöffnet). Er soll dort nicht nur geschmaust, sondern auch im Garten Holz gehackt haben. Verbürgt ist, dass er sich oft und gerne in der Gastwirtschaft aufhielt – die sogenannte Kaisernische des hochwohlgeborenen Gastes ist heute noch ein gemütlicher Platz, auf dem sich allerdings inzwischen zumeist Bürgerliche tummeln. Auf der Speisekarte steht eine in Vergessenheit geratene hessische Spezialität: «Bloatz» – dieser Kuchen aus geriebenen Kartoffeln, Sauerteig und Speck wird dort gerne serviert.

■ Gut eine Stunde dauert der Spaziergang vom Bahnhof in Bad Soden bis zur «Roten Mühle» (Bad Soden-Altenhain, Telefon 06174/3793, 12 bis 24 Uhr geöffnet, kein Ruhetag). Das Landgasthaus im Liederbachtal zwischen Kelkheim und Königstein stammt mit seinen teilweise dekorativen Ziegelausfachungen in niederdeutscher Art größtenteils aus dem 19. Jahrhundert. Der älteste Teil, ein flacher Anbau, ist um 1820 gebaut worden. Im großen

«Rote Mühle».

Sommergarten gibt es Kuchen vom Blech und eine gutbürgerliche Küche. Auch kann man dort gemütlich unter Bäumen seinen Apfelwein trinken.

■ Das Geweih eines Achtzehnenders hängt über der Eingangstür zur Waldgaststätte «*Hubertus*» (Bad Soden, Königsteiner Straße 222, Telefon: 06196/641792, täglich geöffnet von 11.30 bis 14.30 und von 17 bis 22 Uhr) im Bad Sodener Stadtteil Neuenhain. Am grünen Kachelofen unter den Kronleuchtern aus Hirschgeweihen lässt es sich gut schmausen. Neben der Frankfurter Grünen Soße bekommt der Gast auf der wechselnden Speisekarte mitunter auch eine Edelfischterrine serviert.

■ Seit 1912 ist der «*Gimbacher Hof*» im Familienbesitz (vom Kelkheimer Bahnhof an ausgeschildert, Telefon: 06195/3241, durchgehend geöffnet von 13 bis 0 Uhr, samstags und sonntags von 11 bis 0 Uhr, Mittwochs Ruhetag). Besonders für Familien mit Kindern ist die Gaststätte mit ihrem Kleintiergehege und dem Spielplatz im Sommer ein beliebtes Ausflugsziel. Die Küche ist überwiegend regional – es gibt Fleisch- und Wurstspezialitäten aus eigener Viehhaltung. Wer im Sommer im Garten speist, sollte es allerdings nicht eilig haben. Die Bedienung lässt sich Zeit.

■ Nicht nur die benachbarten Golfer des Clubs Hof Hausen vor der Sonne erholen sich nach ihren Platzrunden auf der großen Terrasse der Gaststätte «*Viehweide*» (Hofheim, Telefon: 06192/99090, durchgehend geöffnet dienstags von 15 bis 23 Uhr, mittwochs bis samstags von 12 bis 23 Uhr, sonntags und feiertags 10 bis 23 Uhr, Montags Ruhetag). An der alten Kreisstraße zwischen Hofheim und Kelkheim gelegen, bietet das Refugium zur rustikalen Küche bei schönem Wetter auch einen unentgeltlichen Blick auf die Frankfurter Skyline. Eltern können zudem ihre Kinder im Auge behalten, wenn sie auf dem Spielplatz toben oder auf dem Freizeitgelände Federball spielen.

■ Vor dem Besuch der «*Waldgaststätte Meisterturm*» (Hofheim, Telefon: 06192/8887, durchgehend geöffnet montags bis samstags 12 bis 23 Uhr, sonntags von 11 bis 23 Uhr, Dienstag Ruhetag) ist ein steiler Aufstieg vom Hofheimer Kapellenberg, vorbei am Wildschweingehege durch den Wald nötig. Oben angelangt, kann der Gast dann seinen Hunger bei einem schmackhaften Fitnessteller mit Hühnchenscheiben und exotischen Früchten stillen, zu Weißwürsten mit Brezeln greifen oder sich etwas auf der wechselnden Speisekarte aussuchen. Nach dem Essen, das je nach Jahreszeit am Kamin oder im Garten genossen werden kann, können schwindelfreie Gäste den Panoramablick vom eisernen Meisterturm aus genießen.

Eine «Säulenhalle» über Eppstein: Blick vom Kaisertempel.

■ Einen prächtigen Rundblick, der fast nicht zu übertreffen ist, gibt es auch vom «*Kaisertempel*» aus (Eppstein, Gimbacher Straße 13, Telefon: 06198/34285, Dienstag bis Sonntag von 12 bis 23 Uhr, Montag Ruhetag). Das Monument auf dem Staufen, 1894 vom örtlichen Verschönerungsverein als Andenken an den Sieg im Deutsch-Französischen Krieg und die Reichsgründung 1871 errichtet, erreicht man am besten über die steile Straße vom Eppsteiner Ortskern aus. Oben angelangt, bietet sich das Verweilen auf der Terrasse des gleichnamigen Restaurants geradezu an. Geboten wird eine Küche mit kreolisch-amerikanischem Einschlag, weshalb auch amerikanisches Bier und Popcorn auf den Tischen kredenzt wird.

Die Alternative zum Gasthof: Familienbrunch im Freien.

Einladende Gastlichkeit in Idstein: Der «Höer Hof».

Schlemmertempel fürs große Portemonnaie

■ Aus Aschenputtel wird ganz schnell Cinderella, wenn sie das Renaissance-Schlösschen mit seinen Butzescheiben und Schnitzerkunst erblickt. Doch der «Höer Hof» (Idstein, Obergasse 26, Telefon: 06126/500226, geöffnet 12 bis 14 Uhr, 18 bis 21.30 Uhr, montags nur abends) ist auch ein gastronomisches Kunstwerk. Wer an die Rezeption tritt, wird von dem Ruf eines Eichelhähers empfangen, und eine alte Wetterfahne dient als Türklinke. Aus dem alten Kamin ist heute der Weinschrank geworden. Auch der gusseiserne Ofen in der Gaststube dient wohl nur noch zur Zier. Dafür werden dem Gast Gerichte wie gespickte Meeräsche oder Rehrücken mit Schlupfnudeln geboten. Im Sommer lockt ein schattiger Innenhof.

■ Nomen est Omen beim «Waldhaus» (Wiesbaden, Graf-von-Ibell-Weg, Telefon: 0611/59556, geöffnet täglich von 12 bis 23 Uhr), das ein wenig versteckt vor den Toren der Stadt im Adamstal liegt. Besonders im Sommer ist das Gasthaus mit seinen frischen regionalen Gerichten die kurze Fahrt wert, wird dem Gast doch ein herrliches Refugium mit einem plätschernden Bächlein mitten im Garten geboten.

■ Schon immer eine erste Adresse im Rhein-Main-Gebiet war die «Ente» im Nassauer Hof (Wiesbaden, Kaiser-Friedrich-Platz 3, Telefon 0611/1330, geöffnet täglich von 12 bis 14.30 und von 18 bis 24 Uhr). Seit aber Harald Schmitt in die Fußstapfen von Hans-Peter Wodarz getreten ist, entströmen aus der Küche auch fernöstliche Gerüche. Die Gerichte werden in kleinen Schalen serviert und reichen vom Entenragout bis zum raffinierten Kalbsrücken mit Chilikruste.

■ Der Hofheimer Stadtteil Diedenbergen hat für den Besucher wenig Reizvolles zu bieten. Wäre da nicht das grüne Hinweisschild mit dem weißen Schriftzug Völkers an der Hauptstraße, der Autofahrer könnte getrost weiterbrausen. Das «Völkers» (Hofheim, Marxheimer Straße 4, Telefon: 06192/3065, geöffnet von 11 bis 14 Uhr und 18 bis 22 Uhr, Mittwoch Ruhetag, samstags mittags geschlossen) allerdings ist eine Rast allemal wert. Seit 1871 ist das Lokal in Familienbesitz. Die einst schlichte Bier- und Apfelweinwirtschaft hat sich in den vergangenen Jahrzehnten zu einem der besten Restaurants der Region gemausert. Einheimische Küche und die hohe Ess- und Trinkkultur wird dort in vollendeten Einklang gebracht. Das Weinangebot mit 110 verschiedenen Weinen setzt einen Schwerpunkt mit Bordeaux-Lagen. Zum ersten Schnuppern ist der Besuch des mittäglichen Bistros empfehlenswert, in dem bis 14 Uhr zum Preis von 18 Mark ein schmackhaftes Stammessen (Suppe und Hauptgericht) angeboten wird.

■ 360 Jahre alt ist die Hammelsche Fachwerkscheune inmitten der Hofheimer Altstadt. Was in dem gediegenen Rahmen des alten Gemäuers – mit nonchalanter Untertreibung «Scheuer» (Hofheim, Burgstraße 12, Telefon: 06192/27774, Dienstag bis Sonntag von 12 bis 14 Uhr und 18 bis 22 Uhr geöffnet, Montag Ruhetag) genannt – auf die Teller kommt, ist zunächst einmal eine Augenweide. Das fängt bei den Amuse-guele an und kann bei einem saftigen Gänsebraten oder einer gebackenen Kalbsbriese enden. Für 98 Mark wird ein Sommermenü mit vier Gängen angeboten, ein vegetarisches Menü gibt es für 75 Mark. Und immer sind die 14 Kellner und Kellnerinnen flink zur Stelle, um die bis zu 70 Gäste zu ihrer Zufriedenheit zu bedienen.

■ Schon der Frankfurter Bankier Wilhelm Carl von Rothschild hatte etwas ganz Besonderes im Sinn, als er vor hundert Jahren den Sommersitz seiner Familie in den Taunus verlegte. Die romantische Villa im englischen Landhausstil ist seit 1955 im Besitz der Stadt Königstein, und wer heute zum Speisen in das Restaurant «*Sonnenhof*» (Königstein, Falkensteiner Straße 9, Telefon: 06174/29080 täglich von 12 Uhr bis 14.30 Uhr und von 18.30 Uhr bis 21.30 Uhr geöffnet.) kommt, den erwartet ein exklusives Ambiente – aber auch Preise der gehobenen Kategorie: Von den Flusskrebsen im Wurzelsud bis zum Atlantik-Lottefilet reicht die Palette der Köstlichkeiten. Der Weinkeller lässt vom Rieslingsschoppen bis zum Spätburgunder keine Wünsche offen.

Erlebnisgastronomie

■ Als die Boulevardpresse den verurteilten Bauherrn Jürgen Schneider befragte, was er nach seiner Entlassung aus dem Gefängnis als Erstes tun werde, kam die Antwort prompt: «Beim Rudolph richtig deftig essen gehen.» Schon in alten Zeiten machten die Kutschen, die entlang der Bäderstraße von Wiesbaden nach Bad Homburg fuhren, gerne in dem Liederbacher Gemeindeteil Alt-Niederhofheim Station. Die Menschen auf der Durchreise labten sich seit 1620 im Gasthaus *Rudolph* (Liederbach, Alt Niederhofheim 30, Telefon: 06196/23640, täglich von 12 bis 14.30 und 17 bis 24 Uhr geöffnet, Dienstag Ruhetag). Noch immer hat sich das Wirtshaus mit den Holzbalken und den bunten bleigefassten Fenstern auf eine Menge hungriger Gäste eingestellt. Manchmal gleicht es in den Speisesälen ein bisschen dem Lärmpegel einer Bahnhofshalle, aber dafür werden gewaltige Portionen zu reellen Preisen geboten.

■ Die Gleise grenzen an den ehemaligen Bahnhof in Kelkheims Stadtmitte an, auf dessen einzige Nutzung heute nur noch eine überdimensionale Uhr wage hinweist. Ansonsten hat sich die «*Brasserie Bahnhof*» (Kelkheim, Bahnstraße 37, Telefon: 06195/903050, täglich von 18 bis 1 Uhr geöffnet, sonntags auch von 11.30 Uhr bis 14 Uhr) in ein Speiselokal mit französischem Einschlag verwandelt, das längst zum beliebten Treffpunkt der besseren Taunusgesellschaft geworden ist. Ob Stubenküken, Thunfisch-Carpaccio oder Pinacolada-Eis – die Gerichte, direkt neben den Gleisen genossen, sind allesamt aus erster Küche.

■ Die Wartezeiten sind auch nach elf Jahren immer noch lange, und es lohnt sich allemal, in der Bad Homburger «*Kartoffelküche*» (Bad Homburg, Audenstraße 4, Telefon: 06172/21500, täglich von 12 bis 14 Uhr und von 18 bis 23 Uhr geöffnet) einen Tisch zu bestellen. Die Glücklichen, die sich in der rustikalen Atmosphäre zwischen dem schmiedeeisernen Kohleherd unter den Jugendstillampen auf ihre Mahlzeit aus Großmutters Zeit freuen, werden nicht enttäuscht. Von der zünftigen Portion Kartoffelpuffer bis zum Kartoffeleierpfannkuchen mit Vanillecreme reicht die Palette der Gerichte rund um die gesunde Knolle. Nach Kartoffelsüppchen oder Röstis mit Mozzarella und Tomaten braucht hinterher mancher einen Kartoffelschnaps.

■ Wer seinen Wein mitbringt, dem serviert Norbert Koller gerne das passende Essen dazu. Im «*Leimeister*» (Königstein, Hauptstraße 27, Telefon: 06174/21837, von 12 bis 14 Uhr und 18 bis 22 Uhr geöffnet, Sonntag Ruhetag) in Königstein sucht der Inhaber und Koch stets nach neuen Herausforderungen für seine Menüs. Seine monatlich wechselnden Speisekarten schreibt er auf handsignierte Lithographien einer Dali-Schülerin – jeder Bogen ein Original. Ob Gänsestopfleber, Muschelgratin oder hausgemachte Frühlingsrollen – die Menüs sind einfallsreich. In seiner Raritätensammlung bietet Koller zudem 200 verschiedene Weine.

Ob draußen oder drinnen: Der Apfelwein bleibt Durstlöscher Nummer 1.

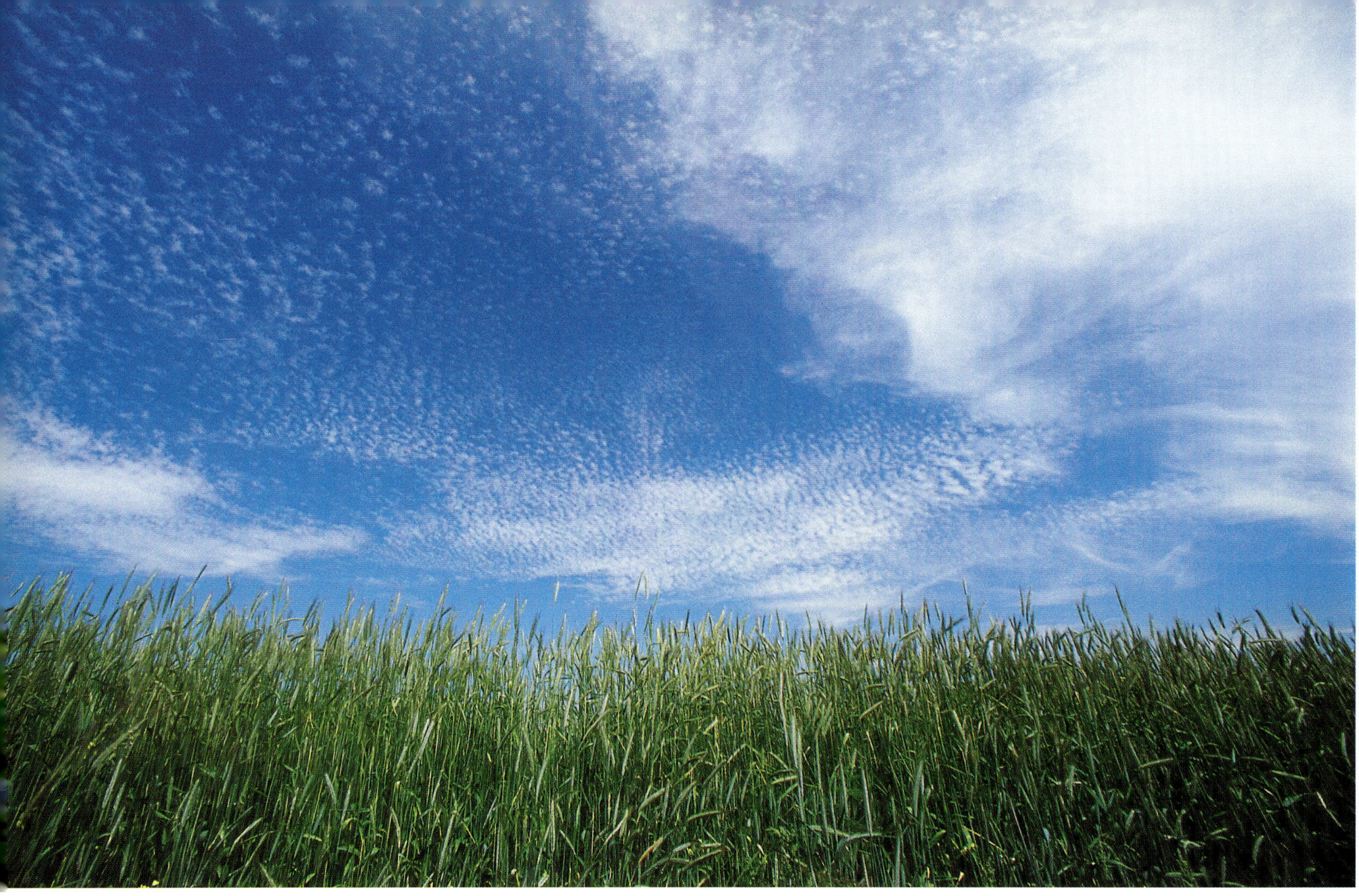

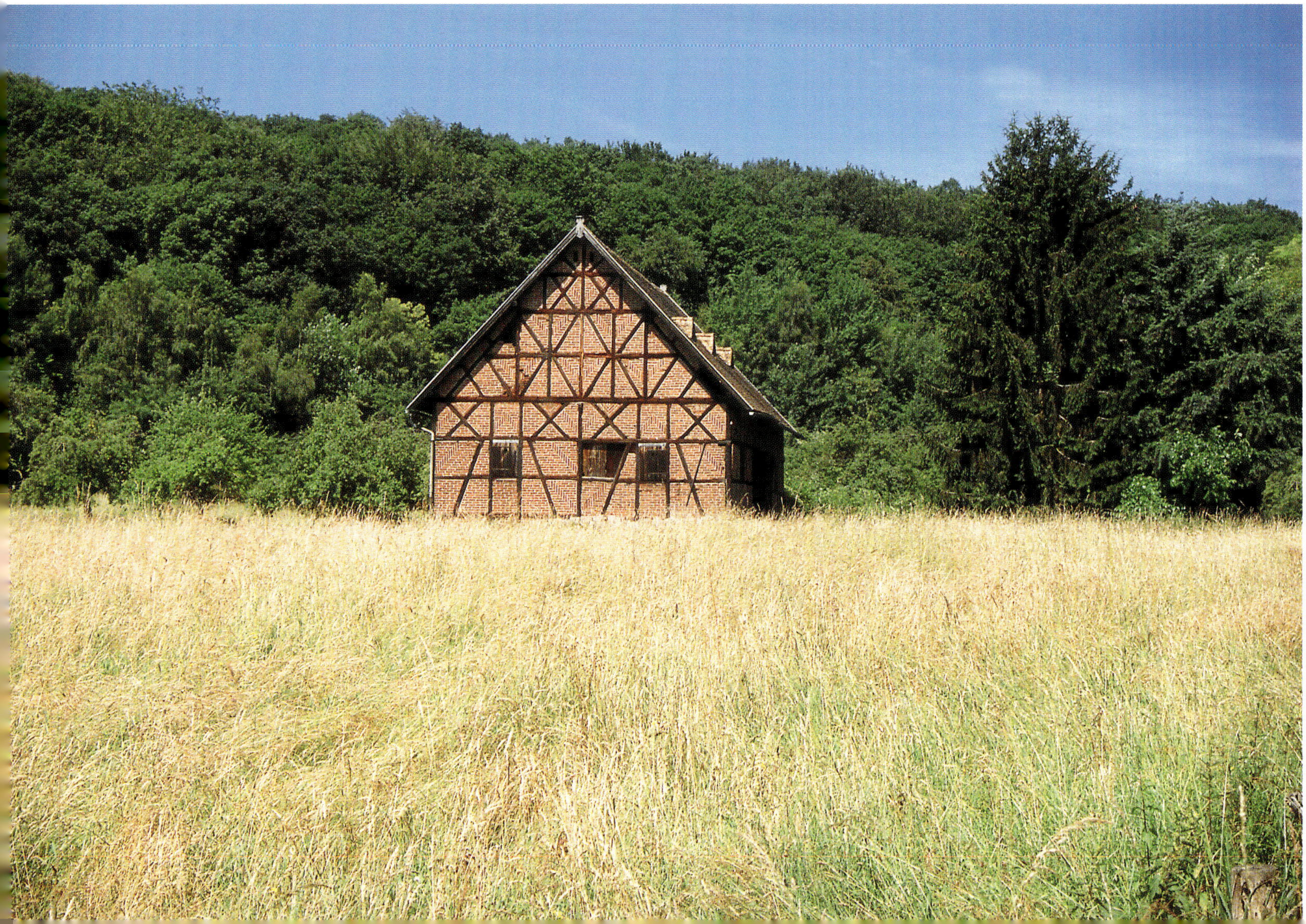

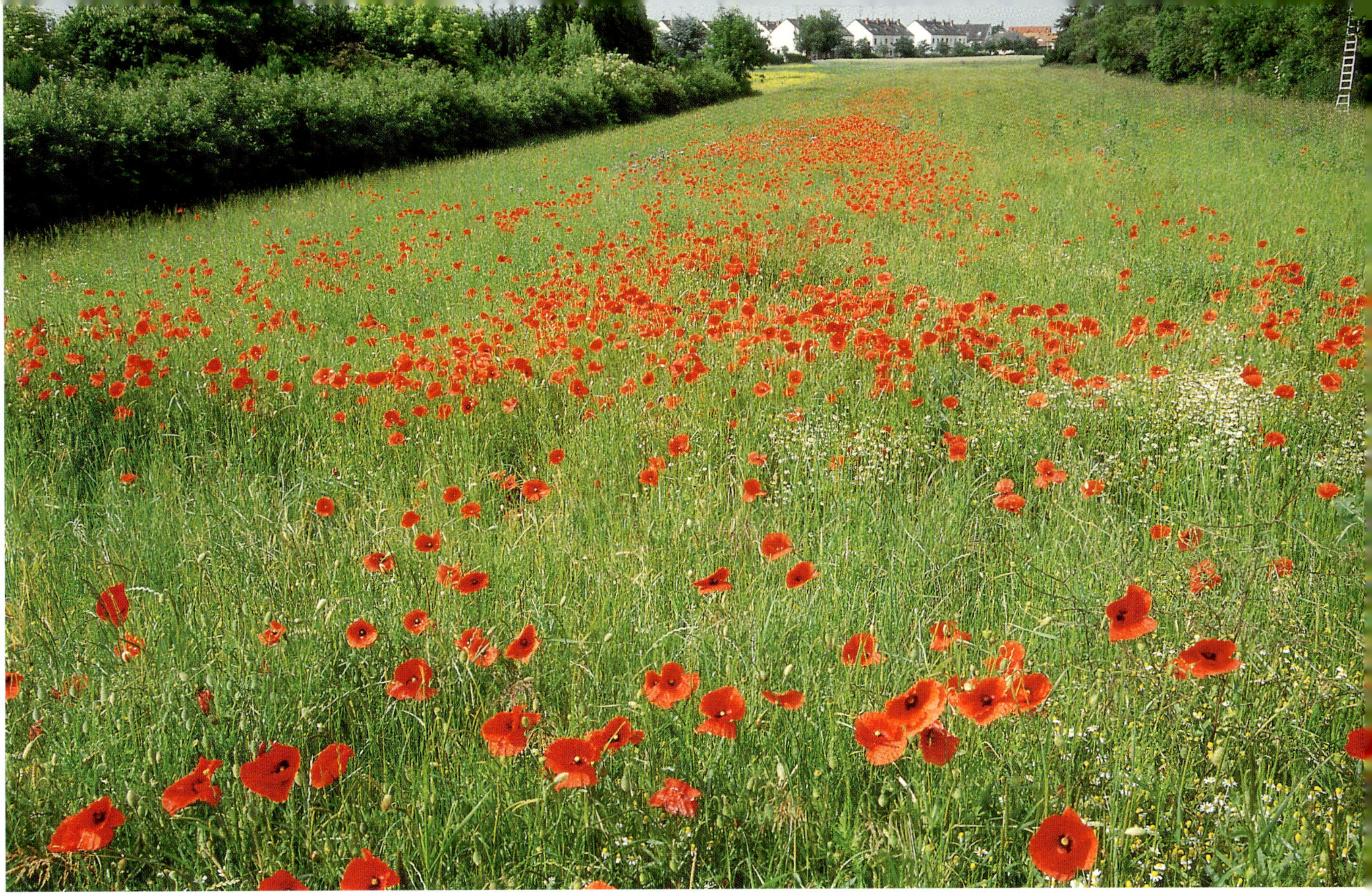

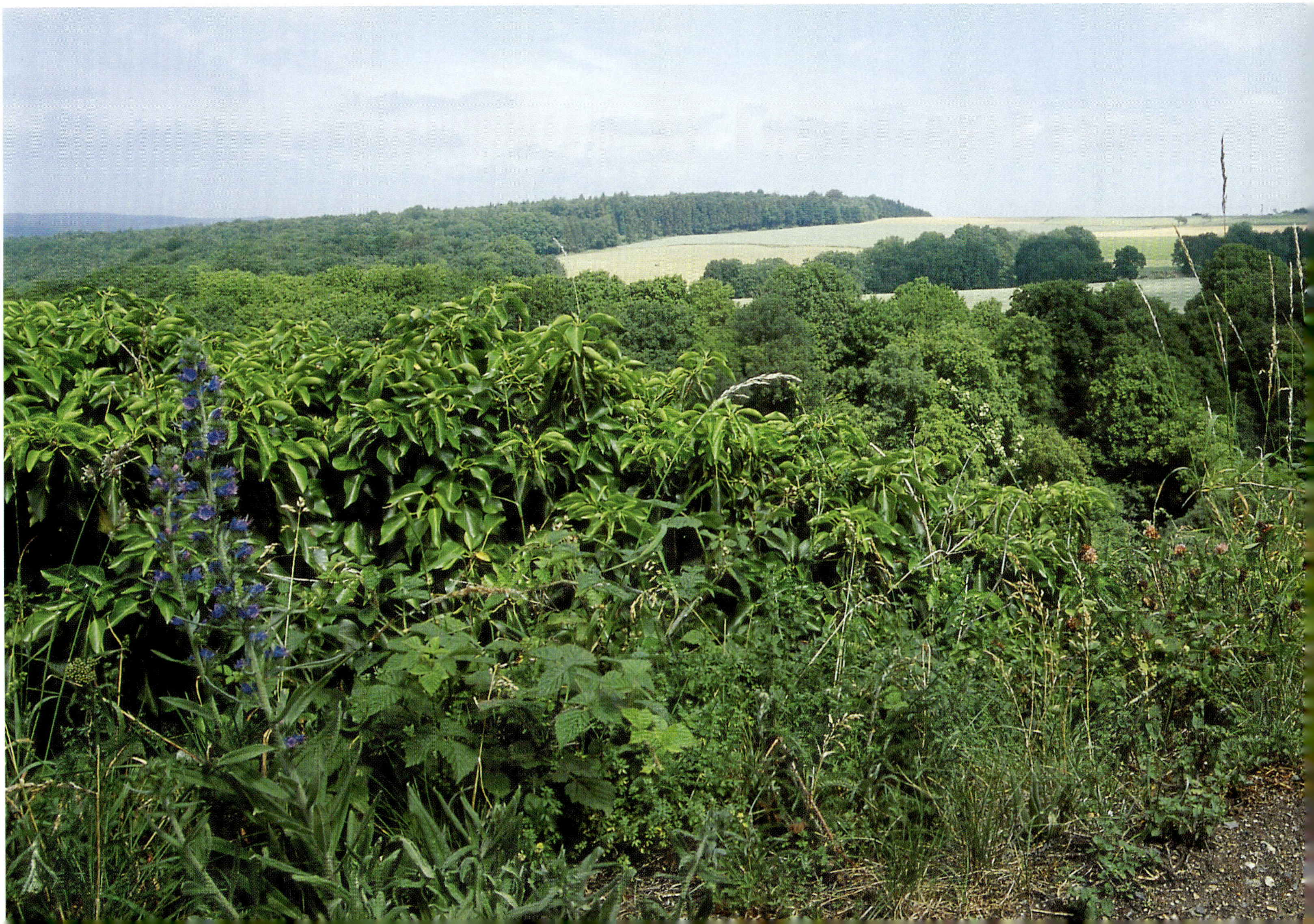

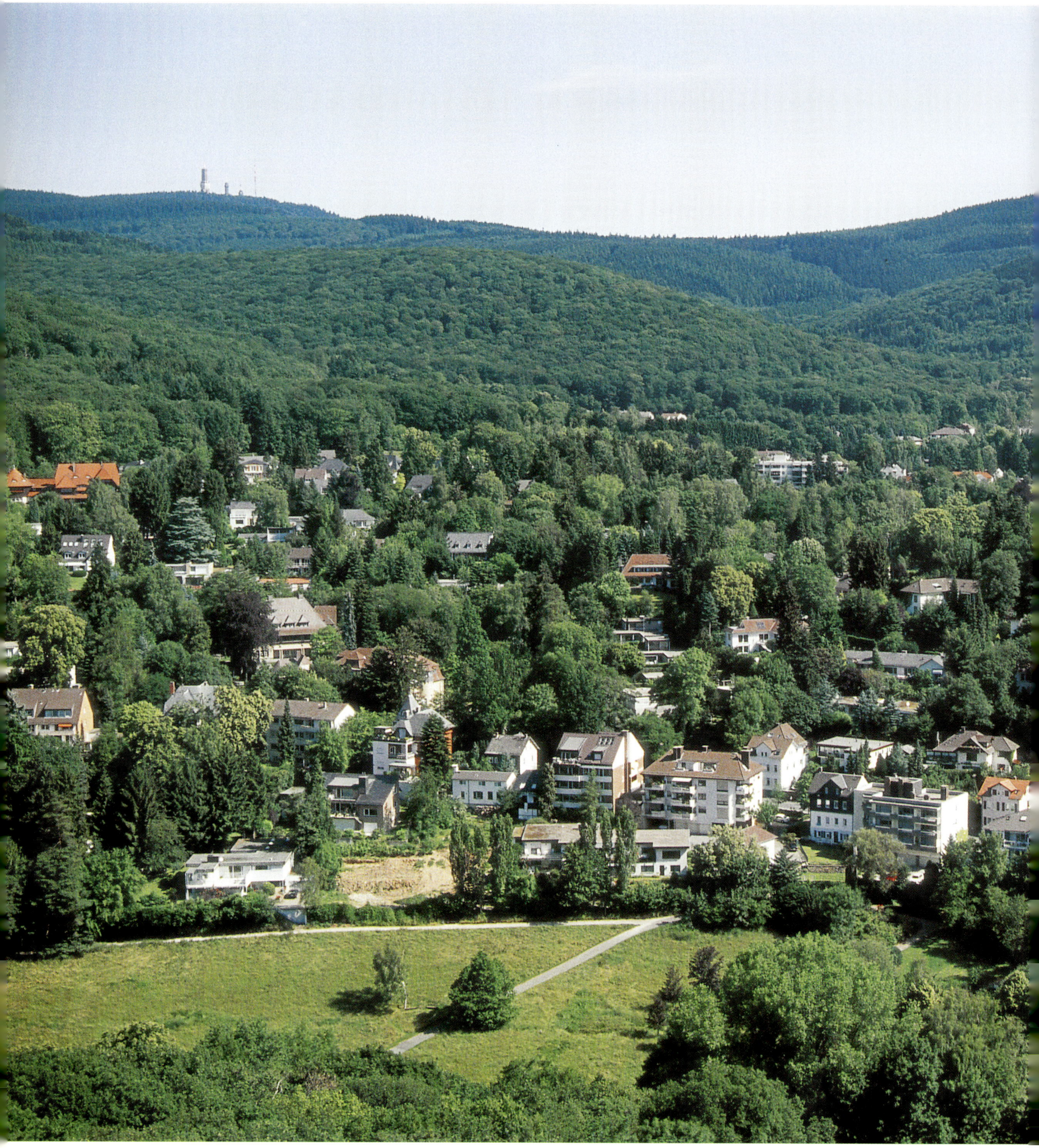

Ein Naturpark vor der Haustüre

DER TAUNUS –
DAS NAHERHOLUNGS-
GEBIET FÜR
MILLIONEN VON
BESUCHERN

Zu Füßen des Naturparks liegt Frankfurts Skyline, nur 20 Autominuten entfernt.

Zum Standortvorteil der Bankenmetropole Frankfurt zählt, dass es von den Bürohausfluchten hinaus in die grüne Natur nur 20 Auto- oder S-Bahn-Minuten bedarf. Mit einer Gesamtfläche von 120.000 Hektar liegt mit dem Naturpark Hochtaunus der zweitgrößte Naturpark Hessens direkt vor der Haustüre der Metropole.

Vom Rhein-Main-Ballungsraum erstreckt er sich bis in die mittelhessische Region Gießen-Wetzlar. Seine östliche Grenze bildet die Wetterau, im Westen geht er nahtlos in den Naturpark Rhein-Taunus über, zu dessen Landschaft die rauen Mittelgebirgshöhen des westlichen Hochtaunus, aber auch das Weinanbaugebiet Rheingau gehören. Die Landschaft des Naturparks wird durch den Taunuskamm gegliedert, der von Südwesten nach Nordosten verläuft, an zahlreichen Stellen die 600 Meter Höhenlinie überschreitet und mit dem Großen Feldberg in 878 Metern den höchsten Punkt erreicht; ihm folgen der Kleine Feldberg mit 825 Metern und der Altkönig mit 798 Metern. Während der Vorder- und Hochtaunus einen streng geschlossenen Mittelgebirgszug bilden, hat der sich nördlich anschließende Hinter- oder Untertaunus eher den Charakter einer reich gegliederten, von vielen Tälern durchzogenen sanften Berg- und Hügellandschaft.

Auf weiten Strecken dominiert der Wald. Er bedeckt im Hochtaunuskreis, der als einer der waldreichsten Landkreise Hessens gilt, etwa die Hälfte der Fläche. Nur 30 Prozent des Grund und Bodens werden landwirtschaftlich genutzt. Bedingt durch sein subatlantisches Klima gehört das Land zur mitteleuropäischen Buchen-Eichenwaldregion. In den niederen Lagen herrscht der Laubwald vor, in den höheren dagegen der Nadelwald. Eine Besonderheit sind die Edelkastanien, die am Südhang des Taunus gedeihen. Kronberg war für seine Kastanien, die hier «Keste» genannt wird, im Mittelalter einmal sehr bekannt. Als die Kronberger Ritter mit der Stadt Frankfurt im 14. Jahrhundert ihre berühmte Fehde austrugen, gehörte es zur Frankfurter Kriegsstrategie, die Kronberger Kastanienbäume zu «schälen», um dem Dorf wirtschaftlichen Schaden zuzufügen. Bekannt ist der Taunus auch durch seinen Obstanbau. Die Streuobstwiesen gelten als typische hessische Kulturlandschaft, die das Bild der Landschaft seit dem 17. Jahrhundert bestimmen. Noch 1938 wurden mehr als 8,5 Millionen Hoch- und Halbstämme auf Hessens Wiesen und Obstfluren gezählt. Seitdem ist die landwirtschaftliche Nutzung freilich drastisch zurückgegangen. Mit der Hessischen Apfelwein- und Obstwiesenroute, die im Main-Taunus-Kreis 1995 von Freunden und Förderern eröffnet wurde, wird an die einst herausragende Bedeutung des Obstanbaus erinnert. Jedes Jahr führt die «Apfel-Kult-Tour» Wanderer und Radfahrer durch die

Flur zu traditionellen Apfelweinlokalen und Keltereien. Der Weinanbau begrenzt sich auf die klimatisch begünstigte Region des Rheingaus. Versuche während des Mittelalters, Wein im nördlichen Teil des Taunus anzubauen, wurden früh wieder aufgegeben. Den Grund erklärt sehr eindrucksvoll eine Beschreibung des «Tollen Buchfinks», wie sich ein Usinger Landwein nannte: Wer den «grauen Schreck von der Jammerheck» trank, redete nach einer historischen Überlieferung «etzliche Tage irre, vergisst seines Namens, meint, ihm wachsen Trauerweiden auf de Schopf, rufet ohn Unterlaß: Wer wird mich erlösen von dem Leide dieses Todes».

Als Klimascheide hält der Taunuskamm die feuchten und kalten Nordwest-Winde ab, was nicht nur einer der Gründe dafür ist, warum im Rheingau vorzüglicher Wein gedeiht, sondern auch die Kurstädte Königstein, Bad Soden und Bad Homburg begünstigt – an den südlichen Ausläufern herrscht ein gemäßigtes Reizklima. Auf dem Gebirgskamm ist es hingegen wesentlich kühler und es regnet öfter.

Im Sommer locken die Streuobstwiesen mit ihrer weißen Blütenpracht, im Winter frischer Schnee auf dem «hohen Gebirge».

Das Wahrzeichen des Taunus: Der große Feldberg. Er ist der Liebling der Tagesausflügler.

Der Große Feldberg, der Mont Blanc des Rhein-Main-Gebietes

Das Römer-Kastell Saalburg, das Freilichtmuseum Hessenpark bei Neu-Anspach, der Opel-Zoo zwischen Königstein und Kronberg, der Freizeitpark Lochmühle bei Wehrheim und das Taunus-Wunderland – das sind die begehrtesten Ausflugsziele im Taunus. Eindeutiger Publikumsliebling ist jedoch der Große Feldberg. Im Jahr kommen, so lauten grobe Schätzungen, etwa eine Million Menschen auf das Plateau. Trotz seiner offensichtlichen Attraktivität wurde die höchste Erhebung des Rhein-Main-Gebietes für die Ausflügler jedoch relativ spät erschlossen. Erst Ende des 18. Jahrhunderts entdeckten Frankfurter Bürger den Berg, bestiegen in «Expeditionen» die Höhe, rühmten die Aussicht und hielten das beeindruckende Naturerlebnis in Gedichten oder in Form romantisierender Erlebnisberichte fest. Datiert werden kann die endgültige Eroberung auf den 5. Januar 1868, als August Ravenstein mit 20 anderen Frankfurter «Feldbergläufern» den Taunusclub auf dem Gipfel gründete. Das war der Beginn der Erschließung der gesamten Region mit markierten Wanderwegen, deren längste, die europäischen Fernwanderwege E 1 und E 3, sich heute auf dem Gipfel treffen.

Inspirierend wirkt auf die Städter bis heute die bizarre Form und die Mythologie des Brunhildisfelsens, die ihren Niederschlag in zahlreichen Sagen und Geschichten gefunden hat. Wie das Gesteinsmassiv, von dem sich bei klarer Sicht ein herrlicher Ausblick in die weitere sanfte Landschaft des hinteren Taunus auftut, zu seinem Namen kam, ist nicht ganz

Der Berg ruft: Um den Brunhildisfelsen ranken sich alte Sagen.

Der Fernmeldeturm auf dem Großen Feldberg bildet Hessens höchsten Punkt.

geklärt. Erstmals erwähnt wurde das «Bettlein der Brunhilde» 1043 in einer Urkunde. Zwei Deutungen haben eine größere Akzeptanz erreicht. Nach der ersten ist der Felsen in die nordische Edda-Saga eingebunden, in der die Walküre Brunhilde von Odin auf einem hohen Berge in einen langjährigen Schlaf versetzt wurde, aus dem sie Siegfried erweckte. Die andere Version bezieht sich auf eine historische Brunhilde. Als nach 561 das Merowingerreich unter den vier Söhnen Clothars I. geteilt wurde, heiratete der Sohn Sigibert eine Brunhildis. Die Tochter des Westgotenkönigs soll von zarter Gestalt, feiner Bildung, züchtigen Sitten, klugem Geist und anmutiger Redegabe gewesen sein. Auf dem Feldberg, so geht die Sage, sei sie zu Tode gekommen.

Turner und Freigeister entdecken das Plateau

Zur «Geistesgeschichte» des Taunus gehört aber nicht nur die germanische Mythologie, sondern auch eine liberale Tradition, für die das Feldbergturnfest steht, das eines der ältesten deutschen Bergfeste ist. Es erinnert an das erste Massentreffen auf dem Gipfel im Jahr 1814. Damals gedachte eine vaterländisch gestimmte Menschenmasse der Völkerschlacht bei Leipzig. In den Folgejahren wiederholten sich diese republikanischen Zusammenkünfte, was die Obrigkeit veranlasste, ein Verbot auszusprechen. Um reine Sportlertreffen hat es sich auf dem Großen Feldberg nie gehandelt. Es waren immer zugleich nationale und liberale Manifestationen im Geiste der 1848er-Revolution und des Turnvaters Jahn. 1848 sollen bis zu 10.000 Besucher gezählt worden sein, was den Landgrafen von Hessen-Homburg im Jahr darauf veranlasste, zumindest seinen Teil des Plateaus – es war damals in drei Landesteile geteilt – militärisch sperren zu lassen. Dem Fest hat dies auf Dauer nicht geschadet. Die Veranstaltung, die auch heute noch im Sommer auf einer eigens hergerichteten Wiese am Rande des Plateaus ausgerichtet wird, zieht wie eh und je viele Besucher an.

Jene freie Naturromantik, die einst die Freiheitskämpfer in der Höhe genossen, ist heute freilich nur eingeschränkt zu finden. Der Große Feldberg ist ein Liebling der Tagesausflügler und wird in ganz besonderem Maße von den Motorradfahrern geschätzt, die die kurvenreiche Kanonenstraße zur Teststrecke erkoren haben. Im Sommer bildet das Plateau besonders in den Abendstunden den Rahmen einer imposanten Zweiradschau.

Zur touristischen Nutzung kommt seit 1939 die technische Verwendung des Berges hinzu. Vom Fernmeldeturm, der sich 20 Stockwerke in die Höhe reckt, werden Radio- und Fernsehsendungen ausgestrahlt. Mit seiner 15 Meter hohen Antenne markiert er den höchsten Punkt Hessens. Im Zweiten Weltkrieg setzte ihn die Wehrmacht auch als Stör- und Peilsender an, was zu seiner Zerstörung durch alliierte Flugzeuge führte. Die Ruinen dienten dann zunächst den Amerikanern als Funkstelle, die sie schließlich 1950 an die Deutsche Bundespost übergaben. 1952 wurde der Turm auf den Resten neu aufgebaut. Die unteren Etagen sind aus Stahlbeton, die oberen zehn aus Holz, das Kunststoffplatten schützt. Dahinter verbergen sich die UKW-Hörfunksender, die Fernsehsender des ZDF und des Hessischen Rundfunks, Flugfunksender und Rheinfunkdienst.

Vom Mont Blanc des Rhein-Main-Gebietes liegt dem Wanderer das Usinger Land zu Füßen. Nur einige Meter weiter lädt der Feldberg-Gasthof zur Rast ein.

Außerdem befindet sich auf dem Plateau der alte Feldbergturm, der «Feldberghof», ein Gasthaus mit Standesamtfiliale, die Bergrettungsstation des Deutschen Roten Kreuzes und die Greifvogel-Zuchtstation «Falkenhof». Sie gilt als älteste Falknerei Hessens. Zu sehen sind mehr als 60 Raubvögel, darunter Falken, Adler, Habichte, Milane und Eulen. Gutes Wetter vorausgesetzt, sind die Tiere nachmittags auch im Freiflug zu beobachten.

Vom Großen Feldberg aus ist es nicht weit zum Kleinen Feldberg, auf dem seit der Jahrhundertwende das Taunus-Observatorium steht. Er gehört dem Frankfurter Physikalischen Verein und dient der Himmelsbeobachtung fern des störenden künstlichen Lichts und der staubhaltigen Luft der Großstadt. Öffentlich zugänglich sind die Anlagen nicht.

Ein Raubvogel, der in der Zuchtstation «Falkenhof» sein Zuhause hat.

Beliebtes Ausflugsziel sind auch der Sandplacken, wo an Wochenenden besonders die Gastronomie Ausflügler anlockt, und der Fuchstanz. Das Wanderwegekreuz unweit des Altkönigs, an dem Gaststätten und Imbissbuden für Kaloriennachschub sorgen, ist seit ein paar Jahren das Mekka der Mountainbiker.

Ein Eldorado für die Anhänger des Klettersports sind im Hinterland des Feldberges die Eschbacher Klippen bei Usingen. Dieser bizarre, 60 Meter lange und 17 Meter hohe Quarzitkamm im «Buchfinkenländchen» ist ein Naturdenkmal, das tiefe Einblick in die geologische Vergangenheit des Taunus gewährt.

Tannenwald am Sandplacken.

Ob motorisiert oder nicht: Zweiradfahrer schätzen die Straßen zum Feldberg sehr, besonders, seit es auf der Spitze wieder einen Gasthof gibt.

Die Eschbacher Klippen bei Usingen sind nicht nur ein bizarres Naturdenkmal, sondern auch geschätztes Übungsgelände für Alpinisten.

Großer Beliebtheit erfreut sich auch der 1,6 Hektar große Hattsteiner Weiher, der seinen Namen den Herren von Hattstein verdankt, die im 15. Jahrhundert Burggrafen in Usingen waren. Der Aussichtsturm auf dem Pferdskopf ist nach dem Großen Feldberg eines der meist frequentierten Wanderziele. Die 663 Meter hohe Erhebung im Ortsteil Treisberg der Großgemeinde Schmitten wurde bereit 1895 durch ein Holzbauwerk um einige Meter aufgerüstet. Wer die 178 Stufen zur Aussichtsplattform erklimmt, kann aus luftiger Höhe den Blick bis zum Westerwald und den Vogelsberg schweifen lassen. Naturfreunde, die abseits ausgetretener Pfade die Pflanzen- und Tierwelt studieren möchten, haben dazu an zahlreichen Stellen im Usinger Land Gelegenheit. Insbesondere das Tal der Weil und deren Zuflüsse bieten viele Entdeckungsmöglichkeiten. Als floristische Kleinode gelten ebenso eine Reihe von Tauneswiesen wie die Reifenberger Wiesen, wo noch vieles wächst, was andernorts längst der Intensivierung der Landwirtschaft zum Opfer gefallen ist.

Die Pflanzen- und Tierwelt in den beiden Naturparks ist reichhaltig und interessant. Der Rothirsch als die größte vorkommende Wildart konnte sich Dank der Pflege des Menschen besonders gut behaupten. Die Wildkatze beginnt seit einigen Jahren im Raum wieder heimisch zu werden und ist vor allem im Wispertal zu finden. Auch Dachse leben hier und der Iltis. Während Eulen nach wie vor selten sind, gelten der kleine Baumfalke, Habicht und Sperber wieder als heimische Brutvögel. Und der Graureiher findet sich als regelmäßiger Besucher an den Gewässern ein. Ursprünglich im Taunus nicht heimisch, sind heute Fasan und der Bisam neu in der Fauna vertreten. Stark vermehrt haben sich Wildschweine und Füchse. Deren zuweilen fast haustierartiges Verhalten veranlasst die Förster immer wieder zu mahnenden Hinweisen.

Der Aussichtsturm auf dem Pferdskopf bei Schmitten und ein Blick in das Taumersbachtal bei Bombarden.

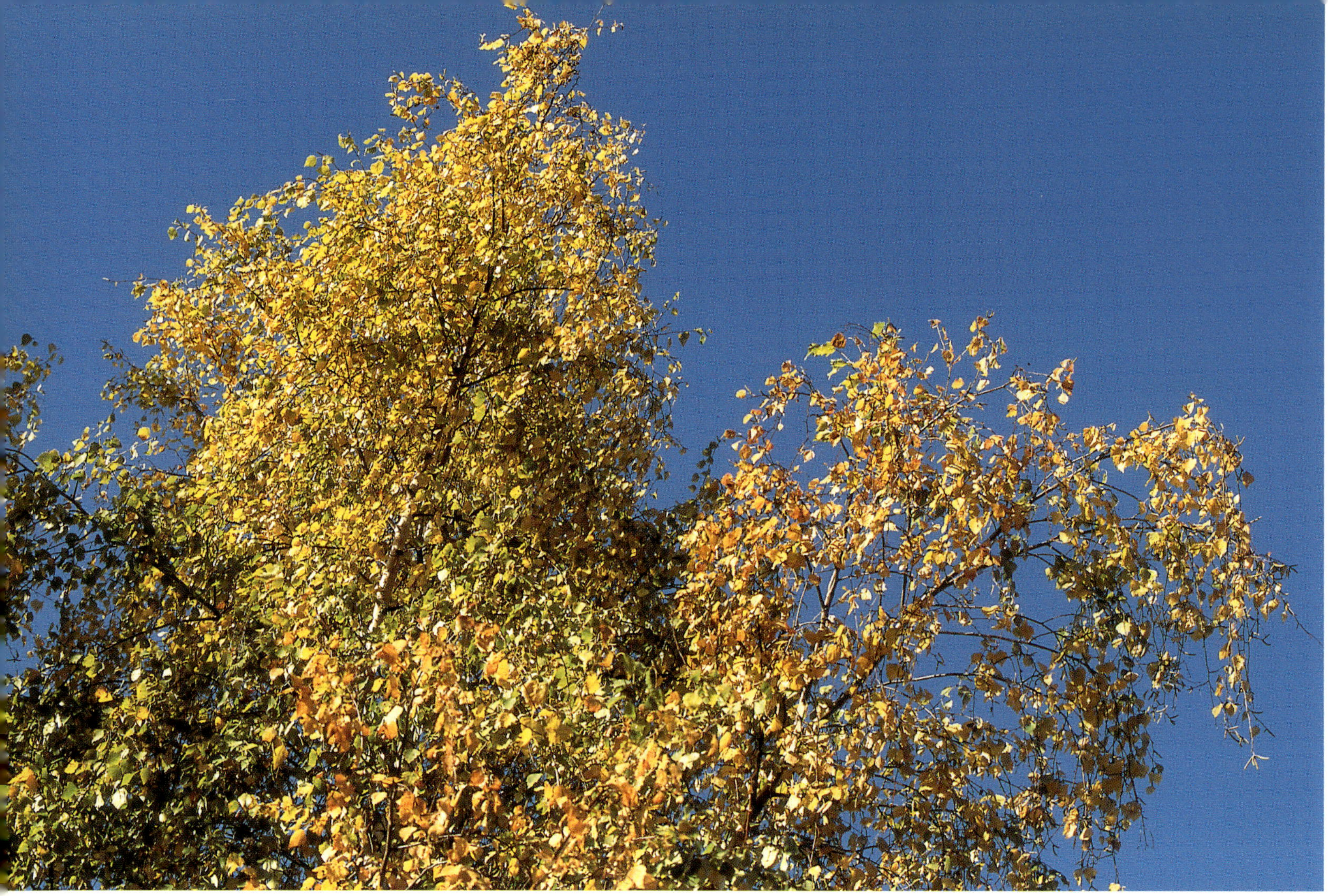

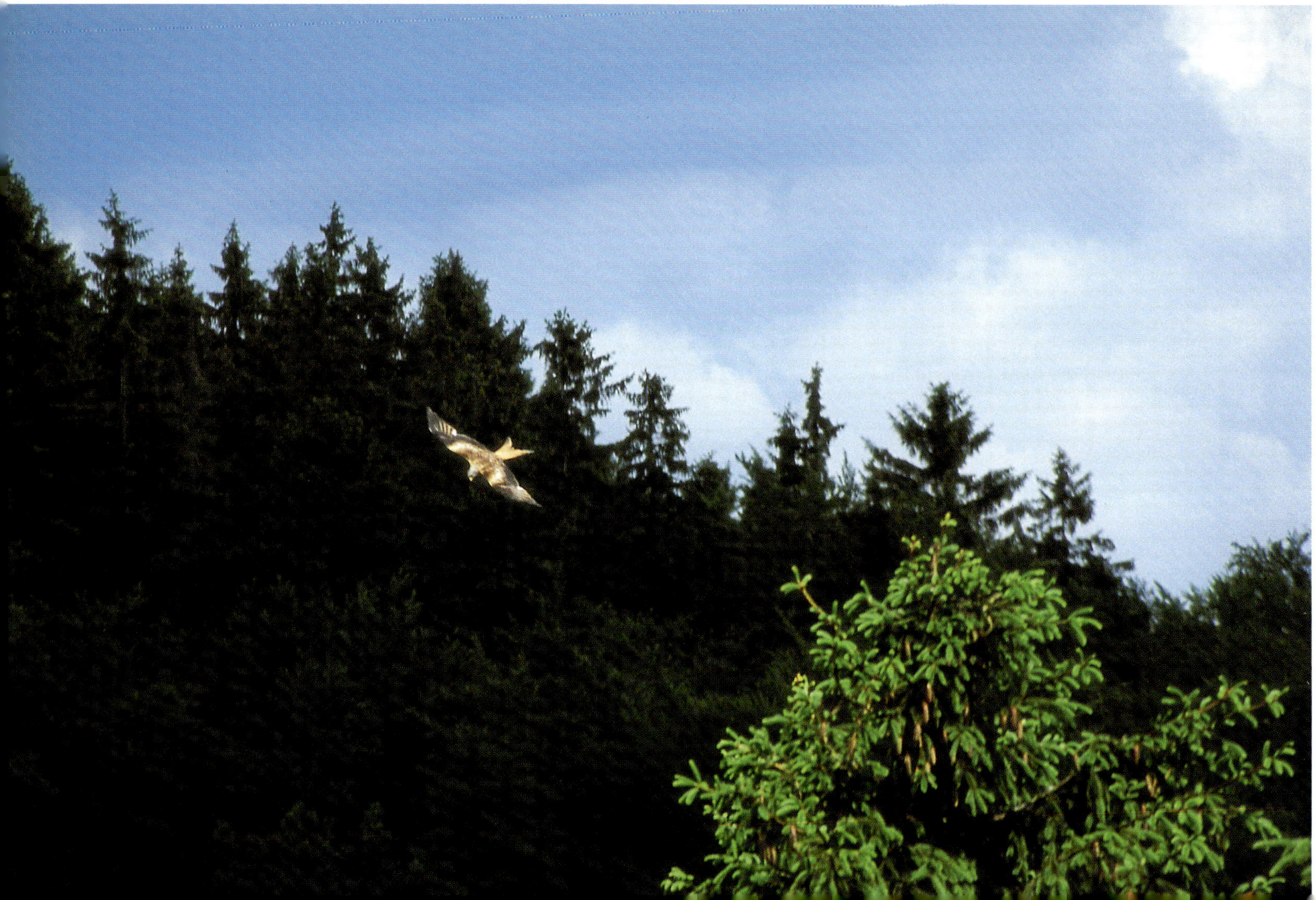

«EXPEDITIONEN» DES TAUNUSCLUBS ERSCHLIESSEN EINE REGION

Der Taunusclub steht am Anfang des neuzeitlichen Tourismus. Die «Entdeckung» des Mittelgebirges begann Mitte des 19. Jahrhunderts durch Frankfurter Bürger. 1868 gründeten «Feldbergläufer» aus der Mainstadt auf Initiative des Kartographen August Ravenstein den Taunusclub. Ravenstein lieferte mit den ersten brauchbaren Karten vom Großen Feldberg und seiner Umgebung das Instrument, das Gebirge und die Region nach und nach zu erschließen. Von Anfang an war das Unternehmen getragen von einem großen sozialen Engagement der Frankfurter für die arme Landbevölkerung hinter dem Taunuskamm. Sie bildeten eine «Kommission zur Hebung des Wohlstandes», appellierten in Zeitungsaufrufen an die Mildtätigkeit der Frankfurter und sammelten über Jahre hinweg größere Geldmengen. Erst gegen 1927 hörte diese soziale Förderung durch den Taunus Stammclub e.V. auf, wie der Gründungsverein seit 1882 genannt wird.

Kartographie und die Ausweisung von Wanderwegen gehören heute auch noch zu den Vereinsaufgaben. Der Taunusclub legt großen Wert darauf, nicht als reiner Wanderverein angesehen zu werden, sondern als gebietsbetreuender Heimat- und Gebirgsverein. Die etwa 4000 Mitglieder sind in 31 Zweigvereinen organisiert. Der Stammclub unterhält eine Wanderabteilung, ein Naturkundlicher Arbeitskreis wirkt im Naturschutz, ein Heimatkundlicher Arbeitskreis pflegt Boden- und Kleindenkmäler.

Das «Arbeitsgebiet» des Taunusclubs, mit dem die Erschließung des Mittelgebirges für den Tourismus im 19. Jahrhundert begann.

Noch wirken viele Ecken im Naturpark wie unberührt von der modernen Zivilisation: keine Autobahnen, keine Hochhäuser, keine Strommasten.

Wegweiser auf der Burg Königstein.

REGIONALPARK

Die Vision ist nicht unbescheiden: Im zersiedelten Rhein-Main-Gebiet soll sich ein breites grünes Band um die Großstadt Frankfurt schlängeln, das den Menschen Naherholung, Freizeitangebote und miteinander verknüpfte Spazier- und Radwege bietet. Auch wenn es sich bei diesem Vorhaben um eine Aufgabe für die nächsten Jahrzehnte handelt, so nimmt der Regionalpark gerade im Taunus schon Gestalt an. Ein Netzwerk von parkartig gestalteten Wegen und Anlagen zur Sicherung der noch vorhandenen Grünzüge ist zwischen Hattersheim, Flörsheim und Hochheim schon entstanden und soll in den kommenden Jahren sich über Kronberg, Königstein und Bad Homburg bis nach Friedrichsdorf erstrecken. Ziel des mit Landesgeldern unterstützten Projekts ist es, den Regionalpark mit dem Frankfurter Grüngürtel, dem Naturpark Hochtaunus und auch der 2002 in Hanau geplanten Landesgartenschau zu verknüpfen.

Erholungssuchende, die sich zu Fuß oder mit dem Fahrrad aufmachen, können schon jetzt die Region, in der sie leben, besser kennen lernen. Vom Hattersheimer Rosarium bis

Moderne Gartenarchitektur: Das Rosarium in Hattersheim.

zu den alten Kalkbrennöfen im Flörsheimer Stadtteil Falkenstein-Keramag führen neu ausgebaute Wegeverbindungen, die dem Spaziergänger reizvolle Naturschönheiten, aber auch die Geschichte der Region näher bringen.

Rosarium und Beobachtungspyramide

Ausgangspunkt einer Wanderung durch den Regionalpark sollte das Rosarium in Hattersheim sein. Es soll an die Tradition der Stadt im Rosenanbau erinnern. Schon vor 100 Jahren wurde die «Königin der Blumen» auf den Feldern rund um Hattersheim kultiviert. Die Rosen waren damals allesamt für den Frankfurter Blumengroßmarkt bestimmt. Überliefert ist jedoch, dass zwei Rosensorten in Hattersheim entstanden sind: die gelblichweiß blühende Teehybride «Wilhelm Kauth» (1930) und die rosafarbene Teehybride «Gretel Greul» (1939).

Besonders lohnend ist der Besuch des Rosariums zur Hauptblütezeit im Juni – dann kommt die größte Attraktion des Rosengartens am besten zur Geltung: Rotblühende Kletterrosen der Sorte «Flammentanz» umranken eine 6,50 Meter hohe Rosenpyramide und scheinen diese mit ihrer Leuchtkraft zum Glühen zu bringen.

Insgesamt blühen im Hattersheimer Rosengarten rund 6500 Rosen in 100 Sorten. Insbesondere werden Sorten gezeigt, die sich unter den hiesigen Standort- und Klimabedingungen als besonders widerstandsfähig und resistent gegen Schädlinge bewährt haben. Umrahmt wird das von den Landschaftsarchitekten Hanke-Kappes-Heide gestaltete Rosarium von 14.000 Blütenstauden, diversen Bäumen und Sträuchern. Auch die namensverwandten Seerosen erblühen in jeweils 250 Quadratmeter großen Wasserbecken in der Gesellschaft anderer Wasserpflanzen.

Ein Rabe im Nussbaumquartier

In der verlängerten Schulstraße in Hattersheim schlängelt sich der Regionalparkweg durch einen Obstgarten, der zunächst durch eine kreisrunde Wiesenfläche mit 16 Birnbäumen markiert wird. Ein schnurgerader 700 Meter langer Feldweg verbindet das Nussbaumquartier am Kastengrund mit einer Allee aus insgesamt 90 Speierling- und Wildapfelbäumen. Das Nussbaumquartier präsentiert sich als ein von Natursteinen eingefasster großer Platz, der mit 27 Walnussbäumen umgeben ist. Die Bäume sollen daran erinnern, dass die Bauern in früheren Zeiten in dieser Gegend Nüsse geerntet und auf ihrem Rücken nach Frankfurt auf den Markt getragen haben. Mitten in dieser Landschaft hat der Flörsheimer Thomas Reinelt mit einem Raaben aus Aluminium, der auf einem Natursteinsockel steht, ein Kunstwerk geschaffen.

Die Existenz der alten Kalkbrennöfen lässt sich bis in die erste Hälfte des 18. Jahrhunderts zurückverfolgen: Johann Jakob Gottron betrieb die Ziegelhütte und einen Kalkofen an der Landesstraße 3028 in der Nähe des Kalksteinbruchs der Dyckerhoff AG im Flörsheimer Stadtteil Falkenberg-Keramag bis spätestens 1740. Die letzten Betreiber dieser Anlage waren bis 1919 die Familie Martini. Diese Spuren des frühen Wirtschaftslebens sind in einem aufwendigen Verfahren restauriert und in den Regionalpark eingegliedert worden.

Die ruinenartigen Überreste aus der frühen Industriegeschichte waren zunächst überwuchert, bevor der Archäologe Klaus Michael Schmitt sie im Frühjahr 1997 im Auftrag der Regionalpark Rhein-Main GmbH freilegte. Die drei Brennöfen verschiedener Bauart sind in dieser Kombination hessenweit einzigartig.

Alle technischen Einzelheiten wie Brennkammerverkleidungen, Schür- und Materialentnahmegänge und Brennroste sind erhalten und werden unter einer transparenten Dachkonstruktion vor unliebsamen Wettereinflüssen geschützt. Auf ausführlichen Informationstafeln können Spaziergänger die Geschichte der Kalkbrennöfen nachlesen. Von den Industriedenkmälern aus lohnt sich auch der Abstecher zur Annakapelle, der Wiesenmühle oder der Flörsheimer Warte, der Weg führt vorbei an einem Sandsteinkreuz, dem sogenannten «Galgenkreuz».

Der weitere Weg zwischen Wicker und Weilbach verläuft entlang der oberen Kante eines Hangs, der nach Süden zum Main abfällt. Von dort aus hat der Betrachter einen Blick auf Flörsheim, Rüsselsheim und Raunheim; bei klarem Wetter wird manchmal sogar eine Fernsicht über die Rheinebene bis zum Odenwald geboten. Wegen dieses einmaligen Blicks wird der «Landwehrweg» in Volksmund «Panoramaweg» genannt. Im Mittelalter verlief hier ein Verteidigungsbauwerk aus Wall und Graben, die sogenannte «Landwehr» zwischen den kurmainzischen Territorien entlang des Mains und dem nördlich gelegenen Gebiet der Grafen von Eppstein. Diese Grenze trennte auch über Jahrhunderte hinweg die katholische und die evangelische Bevölkerung.

Eine Reihe von Künstler haben sich von der Landschaft hier inspirieren lassen und sie auf verblüffende Weise verschönt. Von Wicker kommend gelangt man zuerst an die «Himmelsleiter» des Bildhauers Hubert Maier aus Moosach, der das 4,35 Meter hohe Objekt aus einer 50 Zentimeter dicken Granitplatte herausgearbeitet hat. Am Höllweg steht ein großer Granitfelsen, der von weitem wie ein Hinkelstein wirkt. Der Bildhauer Gerard Höweler aus Amsterdam hat ein Dreieck in den Felsen gearbeitet und dieses auf Hochglanz poliert.

Ein heimischer Vogel: Die Skulptur «Rabe» des Flörsheimers Thomas Reinelt ist eines von mehreren Kunstwerken entlang des Regionalparks.

Zu den Installationen in freier Natur gehören die ruinenartigen Überreste aus der Industriegeschichte wie die Flörsheimer Kalkbrennöfen.

Die Installation des Künstlers Georg Hüter aus Aschaffenburg, die aus drei großen Muschelkalksteinen besteht, wirkt dagegen eher wie ein Thron, den jeder besteigen kann, um den Panoramablick zu genießen. Den direkten Sichtkontakt zum Kirchturm der Flörsheimer St. Gallus Kirche sucht dagegen die Skulptur aus rotem Sandstein, die Ingrid Hornef aus Hofheim geschaffen hat. Die drei Basaltsäulen und sieben Basaltkugeln des Bildhauers Thomas Link aus Issing sind auf einer Geländekuppe in Richtung Bad Weilbach zu sehen. Die im Kreis angeordneten Granitkugeln laden zum Sitzen ein; die stehenden Säulen erzeugen aufgrund eigens gebohrter Höhlungen beim Darüberstreichen des Windes melodische Klänge.

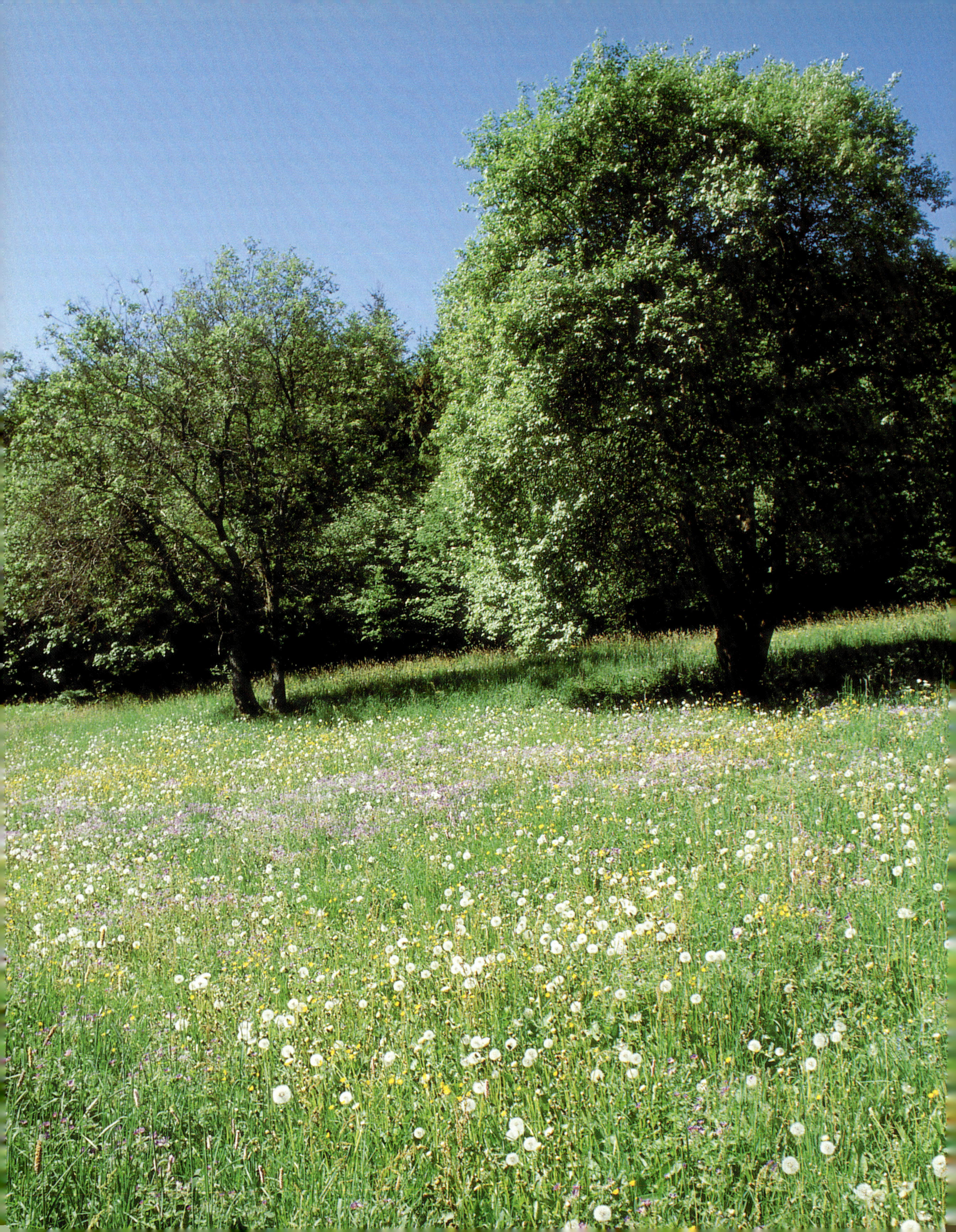

DEM APFEL AUF DER SPUR

Obstwiesenroute führt zu Keltereien zwischen Main und Taunus

Für einen Spaziergang durch die Streuobstwiesenlandschaft des Taunus bieten sich mehrere Etappen: Von Hofheim nach Bad Soden folgt die Apfelweinroute zum Beispiel vom Bahnhofsvorplatz Hofheim aus durch Obstwiesen und Plantagen dem beschilderten Weg zur Viehweide, dann geht es weiter zur Gundelhard, dem Gimbacher Hof und schließlich zum Rettershof, dessen Gründung auf ein Kloster im Jahr 1146 zurückgeht. Dort bewirtschaftet der Obst- und Gartenbauverein Fischbach die angrenzenden Obstwiesen und hat in einem Nebengebäude eine Kelterei eingerichtet, in der alljährlich im Herbst Apfelwein gepresst wird.

Die Route führt nun weiter über die Bundesstraße 455 durch das Braubach- und Liederbachtal nach Kelkheim-Hornau. Im alten Ortskern bietet sich die traditionelle Apfelweingaststätte «Zum Taunus» für eine Einkehr bei Ebbelwei aus dem gerippten Glas an.

Nach einer Unterquerung der Bundesstraße 519 gelangt der Spaziergänger ins Schmiehbachtal, wo es am Wegerand besonders schöne Exemplare des Speierlings zu bewundern gibt. Das Speierlingsobst wird dem Stöffche zugesetzt wird und verleiht dem Apfelwein dadurch eine goldene klare Färbung, bessere Haltbarkeit und den sauren Geschmack.

Nach der Unterquerung der Bundesstraße 8 geht es dann steil abwärts zum Sportplatz Bad Soden. Mit einem Abstecher im Altenhainer Tal bei einer Einkehr im «Grünen Baum» endet diese Etappe der Apfelweinroute.

Wer mehr über die Geschichte des Obstanbaus erfahren will, kann sich auf dem Obstwiesenlehrpfad, der zwischen dem Eppsteiner Stadtteil Bremthal und dem Hofheimer Stadtteil Wildsachsen angelegt worden ist, ein noch genaueres Bild über diese gewachsene Kulturlandschaft machen.

Der Lehrpfad ist etwa 4,5 Kilometer lang und führt vom Tennisplatz in Bremthal ausgehend zu zwölf Stationen, an denen jeweils über die Geschichte der Landschaft informiert wird.

Ausführliche Broschüren zu allen Touren sind beim Trägerverein Hessische Apfelwein- und Obstwiesenroute zwischen Main und Taunus, Kreishaus 1 – 5, 65719 Hofheim, Telefonnummer 06192/20 13 93 erhältlich.

Rohstoff für das «Stöffche»: Alles über den Apfelwein erfährt man auf einer Tour entlang der Obstwiesenroute.

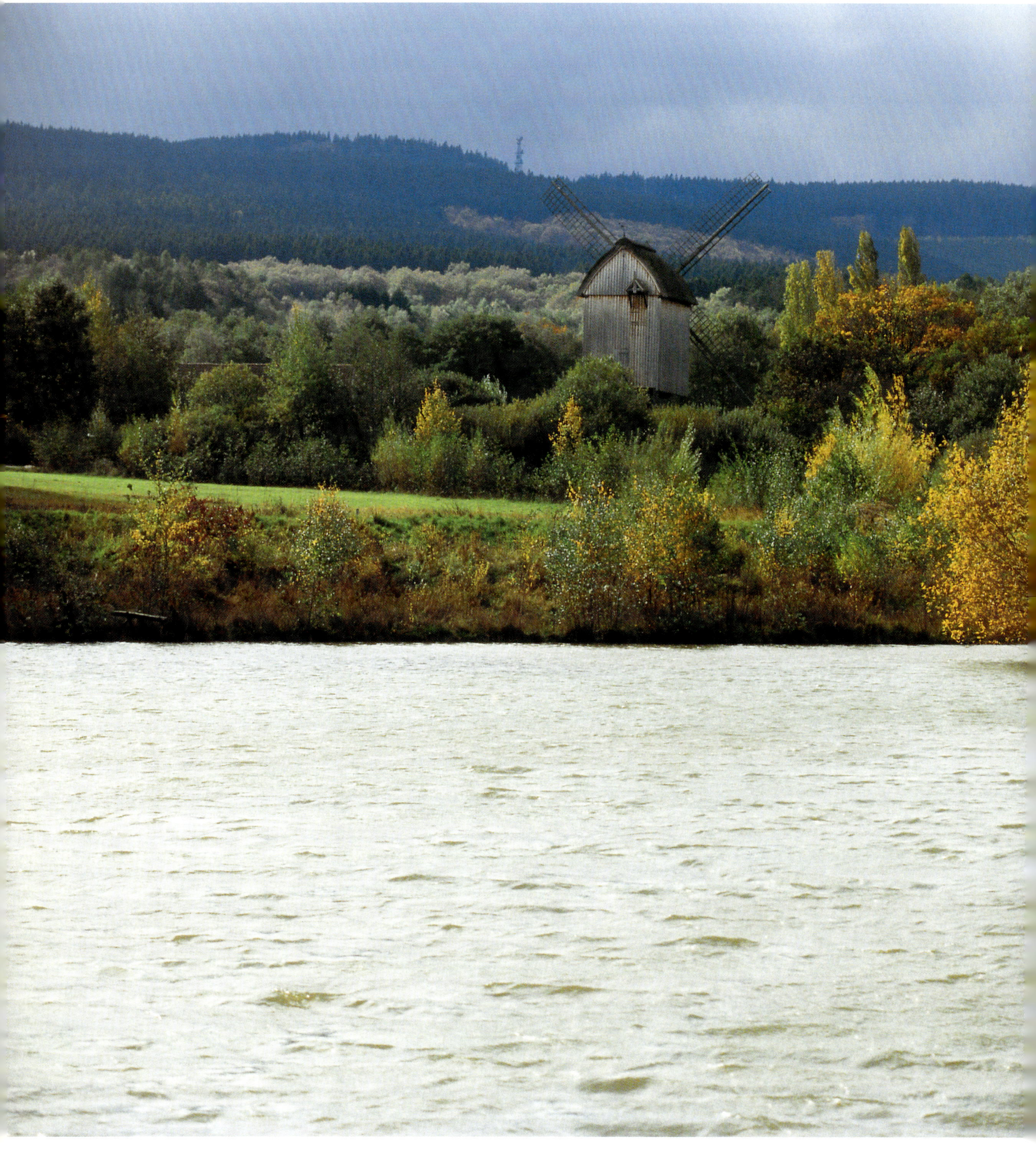

Freizeitparks und Ausflugsziele

KAKADUS UND
KRISTALLHÖHLEN –
DER TAUNUS LOCKT ZUM
WOCHENENDBESUCH

Im Naherholungsgebiet der stressgeplagten Städter liegen zahlreiche Freizeitparks, die sich besonders für Tagesausflüge mit der gesamten Familie eignen. Die Palette der Angebote reicht vom Ponyreiten bis zum Besuch bei sprechenden Märchenfiguren, eine Zeitreise in Hessens Vergangenheit bis zur Expedition in die Tiefen der Erdgeschichte.

Der Opelzoo – ein Hauch Afrika

Mit dem Multimillionär Georg von Opel fing alles an. Der tierliebende Unternehmer brachte von seiner Afrikareise im Jahr 1955 gar ungewöhnliche Souvenirs mit nach Hause: drei ostafrikanische Elefan-

Mit drei Elefanten fing es 1955 an, heute tummeln sich im Freigehege des Opel-Zoos bei Kronberg mehr als 1000 Tiere.

Trotz starker «Konkurrenz» sind die Dickhäuter Publikumslieblinge geblieben.

ten und ein Flusspferd weideten fortan auf den Helbigshainer Wiesen entlang des Philosophenwegs zwischen Kronberg und Königstein. Das friedliche Grasen sollte den exotischen Tieren aber nicht lange vergönnt sein, wurden sie doch zum Zankapfel in einem Streit mit dem Regierungspräsidenten um artgerechte Haltung und Gefährdung der öffentlichen Sicherheit und Ordnung.

Doch die Zahl jener, die einen sonntäglichen Ausflug nutzten, um einen Blick auf das Nilpferd Augusta und die drei Dickhäuter Conti, Vauka und Opeline zu erhaschen, wuchs von Monat zu Monat an. Bald kamen die Familien zu Tausenden, die flugs auch Unterschriften für den Verbleib der Exoten im Taunus sammelten. Das Drängen der Ausflügler gab schließlich den Ausschlag für die Genehmigung des «Georg-von-Opel Freigehege für Tierforschung», das am 10. September 1956 gegründet wurde und im Volksmund schlicht «Opel-Zoo» genannt wird. Deutschlands größter Privatzoo, in dem jedes Tier so viel Freiheit wie möglich bekommen sollte, war geboren.

45 Jahre nach Gründung des Freigeheges tummeln sich heute mehr als 1000 Tiere und 200 verschiedene Arten auf einer etwa 24 Hektar großen Fläche, die damit viermal so groß wie der Frankfurter Zoologische Garten ist. Erstaunliche Zuchterfolge wurden im Opel-Zoo erzielt. So kam 1966 das erste Elefantenbaby «Afrika» zur Welt, erstmals in einem deutschen Zoo wurde ein Warzenschweinjunges geboren und auch bei den Giraffen gab es 1968 Nachwuchs. Sogar ein weißes Zebra erblickte 1975 im Opelzoo das Licht der Welt.

Das größte Aufsehen erregte Georg von Opel aber, als er 1958 zwei mesopotamische Damhirsche in Nordpersien aufspürte, die bis dato als ausgestorben galten und die sich in ihrem neuen Domizil im Taunus nach nur zwei Jahren so gut eingelebt hatten, dass schon kurz darauf das erste Jungtier geboren wurde. Sieben Exemplare aus dem Taunus sind unterdessen wieder in ihrer Urheimat in die Freiheit entlassen worden.

Der Opel-Zoo (Telefonnummer 06173/7 97 49) liegt an der Königsteiner Straße 31 und ist über die Autobahn 66, Ausfahrt Königstein B8, zu erreichen. Der Eintritt beträgt für Erwachsene acht Mark, Kinder von zwei bis 14 Jahren zahlen sechs Mark.

Der Hessenpark bei Neu-Anspach. Das Freilichtmuseum konserviert hessisches Dorfleben.

Hessen in Miniaturausgabe – Der Hessenpark bietet Dorfgeschichte zum Anfassen

Wo auch immer in Hessen ein altes denkmalgeschütztes Haus seinen Platz räumen muss, wird es behutsam in seine Einzelteile zerlegt und im Hessenpark wieder aufgebaut. Ein großes Arsenal an Wohnhäusern, Kirchen, Werkstätten, Ställen und Scheunen, die aus dem Leben in alter Zeit künden, ist seit 1974 auf der 60 Hektar großen Fläche der Gemarkung Neu-Anspach entstanden. Aufgabe der 57 Mitarbeiter im Hessenpark ist es, in Übereinstimmung mit den Richtlinien des Internationalen Museumsrates künftigen Generationen so realitätsnah wie irgend möglich ein Stück der ländlichen Vergangenheit des Hessenlandes zu bewahren.

In dem weitläufigen Areal unterhalb der Saalburg finden die Besucher nicht nur mehr als 80 historische Gebäude. Sie können auch alte Arbeitstechniken kennen lernen – in der Küferwerkstatt, der Werkstatt der Turmuhrmacher und Besenbinder etwa. Oder sie schauen beim Bierbrauen und Töpfern zu oder dem Friseur beim Haare schneiden im original Friseurladen von 1904. Besonders Kinder haben viel zu sehen. In den Ställen stehen Kühe, vor den Bauernhäusern dampft der Misthaufen, auf den Wiesen blöken die Schafe, auf den Höfen scharren die Hühner, auf den Teichen schwimmen Enten und auf den Hausdächern nisten Störche.

Das Freilichtmuseum bemüht sich ebenso um die Pflege hessischen Brauchtums. So gibt es jedes Jahr eine Fülle von Folkloreveranstaltungen, die meist auf dem ganzjährig geöffneten Marktplatz stattfinden, der dem eigentlichen Museum vorgelagert ist. Auch hier geht es Tag für Tag historisch und lebendig zu: Es gibt einen Kramladen, einen Bäcker, der rustikales Landbrot verkauft und einen Töpfer. Neu eröffnet wurde zum 25-jährigen Jubiläum eine feste Ausstellung mit Bildern hessischer Künstler, die das Leben auf dem

Neben Fachwerkhäusern, Kirchen, Windmühlen, Kuhställen und alten Werkstätten wird hessisches Brauchtum auch durch Ausstellungen und Volksfeste am Leben gehalten.

Land festhalten. Das Wirtshaus «Zum Adler» lädt nach dem Rundgang zu Rast und Mahlzeit ein. Es stammt aus dem Jahr 1712 in Fürth im Odenwald und erhielt seine erste Schankerlaubnis 1752.

Geboten werden den Besuchern Veranstaltungen, die an die Volkskultur und Arbeitswelt des Landes erinnern, so zum Beispiel eine Turmuhrenschau mit Werkstatt, die Präsentation alter Arbeitstechniken oder Brauchtumsfeste, die über das Leben vergangener Generationen anschaulich berichten. Da schiebt der Bäcker handgeformte Brote in den Steinofen, dreht sich ein Spinnrad oder flicht eine Marktfrau Körbe.

Das Freilichtmuseum Hessenpark in Neu-Anspach (Telefon 06082/5880) ist über die Autobahn 5 Richtung Kassel, Abfahrt Bad Homburg, zu erreichen. Öffnungszeiten sind zwischen dem 1. März und 31. Oktober täglich von 9 bis 18 Uhr, letzter Einlass um 17 Uhr. Der Eintritt kostet für Erwachsene acht Mark, Kinder von sechs Jahren an zahlen fünf Mark.

Der Freizeitpark Lochmühle

Noch vor 40 Jahren bestellte der Landwirt Theo Zwermann seine Kornfelder und Kartoffelfelder im idyllischen Erlenbachtal – längst sind die Wiesen in beschaulicher Landschaft nicht mehr wiederzuerkennen. Denn besonders den Kindern bietet der Freizeitpark Lochmühle alles, was das Herz begehrt: mehr als 150 Spiel- und Trimmgeräte, eine Wassertretbahn, Abenteuerspielplatz, Tiergehege, Floßfahrten, Streichelzoo, Ponyreiten und Kutschfahrten.

An die ehemals rein bäuerliche Nutzung erinnert heute aber nicht nur der landwirtschaftliche Lehrpfad. Das Anwesen hat seinen ländlichen Zauber nie verloren. Durch den Park führen Spazierwege und schlängelt sich ein Bach, in einem kleinen Streichelzoo leben Kälbchen, Schweine, Schafe und Hühner.

Der Freizeitpark Lochmühle bei Wehrheim zieht seinen Reiz aus der Mischung von Disneyworld und Abenteuerspielplatz.

«out», aber auch längst nicht mehr das Nonplusultra der Unterhaltung sind. So wird in der High-Tech-Welt sogar simuliert, wie sich der Tiefflug in einem Tornado-Jet anfühlt – vielleicht ist es aber sogar noch aufregender, sich auf der hölzernen Achterbahn einem freien Fall gleich in die Tiefen zu stürzen oder zwischen gewaltigen Dinosauriern zu spazieren.

Die trutzig wirkende Eingangsburg signalisiert wohl jedem Kind, das es nun in eine andere Welt eintauchen wird. Dort gibt es eine Geisterhöhle, in der man auf allerhand Gruseliges stoßen kann, über eine riesige Rutschbahn geht es bergab, und in der Western-Eisenbahn lässt es sich gemütlich durch eine Karl-May-Szenerie rattern. Wem dies immer noch zu aufregend ist, der findet im Streichelzoo wohl eher Ruhe als beim Dschungel-Turm oder dem Wildwasserski-Rondell, für das aber gerade die Väter mit ihrem Nachwuchs bereitwillig Wartezeiten in Kauf nehmen.

Das Taunus Wunderland (Telefon 06124/4081) ist über die Autobahn 66 in Richtung Wiesbaden, Rüdesheim, Abfahrt Schlangenbad/Bad Schwalbach, zu erreichen. Alle Besucher, die größer als 85 Zentimeter sind, zahlen 19 Mark.

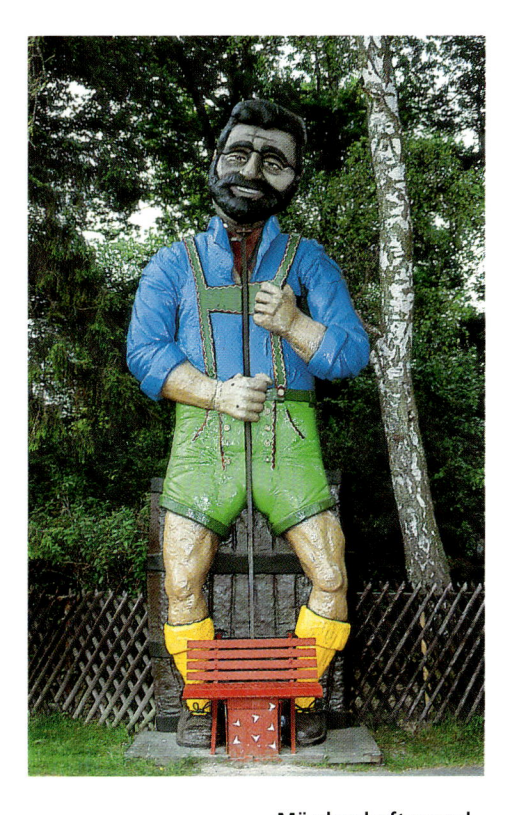

Märchenhaftes und Phantasievolles sorgen für Unterhaltung im Taunus Wunderland.

Der Freizeitpark Lochmühle (Telefon: 06175/7084) bei Wehrheim ist über die Autobahn 5 Richtung Kassel, Abfahrt Friedberg, Richtung Wehrheim/Usingen zu erreichen und von März bis Oktober von 9 bis 18 Uhr geöffnet.

Das Taunus Wunderland

Am Fuß der «Hohen Wurzel» erstreckt sich das Taunus Wunderland, in dem seit mehr als drei Jahrzehnten Märchenfiguren wie Schneewittchen oder Dornröschen zum Leben erwachen. Doch längst hat sich auch der Freizeitpark in der Nähe von Schlangenbad auf die Wünsche moderner Kinder eingestellt, für die Geschichten der Brüder Grimm zwar nicht

Wildschweine und Papageien

Wer Wildschweine in einem Freigehege erleben will, der sollte bei seinem Spaziergang zum Meisterturm in Hofheim den Kreuzweg auf den Kapellenberg nehmen. Manchmal reiben sich die Wildschweine dann dort an Bäumen oder säugen sogar ihre zutraulichen Jungtiere.

Auffangstation und Ruhesitz für Papageien ist die Vogelburg in Weilrod, die sich inmitten des Naturparks auf 420 Metern Höhe befindet. Geboten wird dort eine einzigartige Vielfalt an handzahmen Papageien. Tausende von Natursteinen wurden von Hand zu einem burgähnlichen Gemäuer bearbeitet, in dem sich Aras, Kakadus und Amazonen zuhause fühlen. Die Vogelburg (Telefon 06083/1040) in Weilrod Hasselbach ist über die Autobahn 66 in Richtung Wiesbaden, ab Wiesbadener Kreuz weiter auf der Autobahn 3 Richtung Limburg, Abfahrt Bad Camberg, zu erreichen. Öffnungszeiten sind vom 15. März bis 15. November täglich von 10 bis 19 Uhr. Der Eintritt kostet für Erwachsene zehn, für Kinder von zwei Jahren an fünf Mark.

Kubacher Höhle und Weilburger Tiergarten

Wer den Taunus, die «Höhe», einmal von «unten» kennen lernen möchte, muss in den Weilburger Stadtteil Kubach fahren. Dort entdeckten 1974 einige Hobbyforscher die Kubacher Kristallhöhlen. So unspektakulär wie die umgebende Landschaft, so spannend ist der Kubacher Untergrund: Die rund 200 Meter lange und im Schnitt 26 Meter breite Höhle, die bis zu 70 Meter tief in die Erde hinab reicht, ist Deutschlands einzige Kristallhöhle. Höhepunkt des Rundgangs, der etwa eine dreiviertel Stunde dauert, ist der 30 Meter hohe südliche Teil, wo die mächtigen Felswände mit Millionen schneeweißer Kristalle übersät sind.

Ihre Entdeckung hat die Kubacher Höhlenforscher vor mehr als 25 Jahren selbst überrascht. Eigentlich hatten sie nach einer Tropfsteinhöhle gesucht, die von Bergleuten beim Phosphoritabbau entdeckt worden war. Die Bergmänner hatten jedoch die genaue Lage nicht verzeichnet, so dass der Kubacher Höhlenverein sich mit geologischen und gravimetrischen Untersuchungen behelfen musste. Bei der Suche stießen die Männer auf die Kristallhöhle.

An ihrem tiefsten Punkt bietet sie zur Jahresmitte den Besuchern ein besonderes Naturschauspiel, den Sommersee. Er füllt sich nach niederschlagsreichen Wintern im Frühjahr und Sommer mit eisenhaltigem Wasser und verschwindet wieder im Herbst.

Zur Höhle gehört ein Freilicht-Steinmuseum und ein Höhlenmuseum, in dem unterschiedliche Gesteinsarten einen Einblick in die verschiedenen Epochen der Erdgeschichte geben. Führungen durch den Kubacher Untergrund werden alle 15 Minuten angeboten.
(Telefon 06471/94000)

Faszination Unterwelt: In Kubach liegt Deutschlands einzige Kristallhöhle, die bis zu 70 Meter in die Tiefe führt und zur Jahresmitte ein besonderes Naturschauspiel bietet.

Der Tiergarten in Weilburg will erwandert sein. Das Areal ist 92 Hektar groß und bietet zahlreichen Tieren ideale Lebensbedingungen.

SELTENE VOGELARTEN RUND UM DIE KIESGRUBEN

*F*ür die Vogelkundler ist die Kiesgrubenlandschaft Weilbach ein Geheimtipp. Auf dem als Naturschutzgebiet ausgewiesenen 58 Hektar großen Areal leben bedrohte Arten wie der Flussregenpfeifer, Kiebitz, Teichrohrsänger oder Rohrweihe. Das Nebeneinander von verschiedenen Biotopen auf kleinstem Raum – Sumpfzonen, Wasser und Steilwänden – macht das Naturschutzgebiet für Flora und Fauna so wertvoll. Auch sieben seltene Lurcharten und 16 verschiedene Libellen sind dort heimisch. Die große Wasserfläche, der sogenannte Silbersee dient aber auch als Trinkwasserreservoir für das Wasserwerk Hattersheim-Okriftel.

Auch wenn das Naturschutzgebiet ungestört von Spaziergängern bleiben soll, führt an dessen Grenzen entlang doch ein etwa drei Kilometer langer Rundweg mit Aussichtstürmen, der Einblicke bietet, ohne die dort lebenden Tiere zu stören. Nur durch eine landwirtschaftliche Fläche getrennt bietet das Naherholungsgebiet Weilbacher Kiesgruben, die mit sauberem Erdaushub 1984 aufgefüllt und mit einheimischen Sträuchern und Büschen aufgeforstet wurde, Erholung und Freizeitangebote.

Nicht weit entfernt befindet sich der Tiergarten Weilburg. Das 92 Hektar große Wildgehege in einem Waldstück südlich des Weilburger Stadtteils Hirschhausen wurde vom Grafen von Nassau-Weilburg gegründet. Auf dem Areal, das von Bächen durchzogen wird und auf dem viele alte Bäume stehen, haben viele heimische Tierarten ihre Heimat. Es gibt aber auch Auerochsen, Wildpferde und Wildponys zu sehen. Der Wildpark bietet sich zu einem Spaziergang an. Für den großen Rundweg braucht man etwa anderthalb Stunden. Einen Einblick in die Wohnkultur des 19. Jahrhunderts ermöglicht die Ausstellung von Möbeln und Gebrauchsgegenständen in einem Fachwerkhaus. Der Weilburger Wildpark ist das ganze Jahr über von 9 Uhr bis zum Einbruch der Dunkelheit geöffnet. Gruppenführungen gibt es nach Voranmeldung. (Telefon 06471/39075)

BURGFESTE UND SEIFENKISTENRENNEN

Im Taunus wird gerne und oft gefeiert

Die Taunusbewohner feiern gerne und oft. Mal ist es der Wein, dem sie huldigen, mal wird auf den Burgen Freilichttheater geboten oder sind die Parks in den Kurstädten nachts mit Lampions illuminiert. Viele dieser Feste oder Märkte haben eine lange Tradition und locken manchmal schon seit Jahrhunderten die Besucher aus dem gesamten Rhein-Main-Gebiet an.

Hochheimer Markt

«Wir Fridrich von Gottes gnaden, Römischer Kaißer zu allen Zeiten, mehrer deß Reichs, thun kundth, daß wir in demselben dorff hocheim alle jahre Jahrmerckht aufzurichten, zu machen und zu erhalten.» Mit diesen überlieferten Worten aus einer mehrseitigen Handschrift, in der die Rechte und Pflichten der Hochheimer festgelegt werden, verlieh Kaiser Friedrich III. der Stadt am 19. Juni 1484 das Recht, jährlich zwei Märkte abzuhalten. Dem Gemeindeschultheißen, der den letzten in Rom gekrönten deutschen Kaiser «diemutiglich hatte anruefen und pitten laßen», wurde aufgegeben, den ersten der beiden Jahrmärkte auf Pfingsten, den anderen auf den Namenstag von Simon und Judas festzulegen – und so ist es bis heute geblieben.

Anfang November werden wieder 400.000 Besucher zu dem Markt der Region erwartet. Fast 800 Marktbeschicker präsentieren ihre Waren, unter den Schaustellern auch immerhin 75 Händler, die an einer landwirtschaftlichen Ausstellung teilnehmen und vom Rasenmäher bis zur kompletten Stalleinrichtung alles anbieten. Montags ist von Alters her Viehmarkt mit Schafen, Pferden, Ziegen und Rindern – von bundesweit 6000 Volksfesten bieten nur noch ganze 30 Krammarkt und Tierschauen an.

Auch wenn der Hochheimer Markt in den Jahrhunderten seines Bestehens nicht immer abgehalten wurde – während des Dreißigjährigen Krieges 1644 musste der Allerseelenmarkt ausfallen, weil einquartierte Landsknechte die Handelswaren aufgegessen hatten – so ist er nach wie vor im Umkreis von 15 Kilometern konkurrenzlos. Auf die Anordnung des Kaisers, der vor mehr als 500 Jahren befohlen hatte, dass «zwy meilen weg um Hochheim» kein anderer Markt abgehalten werden dürfe, verhinderten die Hochheimer noch im Jahre 1638 eine Kirchweih in Wallau.

Unterdessen sind freilich längst die High-Tech-Karussells auf dem Hochheimer Markt etabliert, gibt es «Disco-Round» und «Kinderflieger Airport». Dennoch wird das Fazit eines Berichts über den Markt von 1881 in jedem Jahr weiter seine Gültigkeit haben: «Die besten Einnahmen machten wie gewöhnlich Gastwirthe und Wurstemacher.»

Zur Sommerzeit geht es im Taunus rund: Remidemi mit Anspruch auf Tradition bietet alljährlich nicht nur der Hochheimer Markt.

Hochheimer Weinfest

«A Hock a day keeps the doctor away.» Mit diesem Ausspruch huldigte schon Queen Victoria dem edlen Rebensaft aus Hochheim. Anfang Juli folgen Zehntausende diesem königlichen Rat. In den Gassen der Hochheimer Altstadt wird dann das traditionelle Weinfest gefeiert, bei dem die heimischen Winzer an Probierständen die allerbesten Tropfen ausschenken.

Jazz und Swing vor Idsteins Fachwerkkulisse

Immer Anfang Juli verwandelt sich das beschauliche Fachwerkstädtchen Idstein in einen brodelnden Hexenkessel. Denn das Hessen-Jazz-Festival ist längst zum Mekka für alle Freunde von Rhyth'm & Blues bis Dixieland oder Gospelmusik geworden. Bis zu 600 Jazzmusiker der unterschiedlichsten Stilrichtungen geben sich dann drei Tage lang in den Gassen der Altstadt auf kleinen und großen Bühnen ein Stelldichein und übertönen sich mit gewagten oder bekannten Klängen. Zehntausende Besucher zieht es alljährlich zu dem Festival, bei dem stets für jeden Geschmack etwas geboten wird.

Ein umfangreiches Kinderprogramm mit Theaterstücken und Spielangeboten sorgt zudem dafür, dass auch die Kleinen ihre Freude an dem Musikspektakel haben. Und die Restaurants und Wirtschaften in der Altstadt sorgen mit eigens aufgebauten Ständen obendrein dafür, dass die Veranstaltung auch ein lukullisches Vergnügen werden kann. Nähere Auskünfte zum Programm und Eintrittskarten sind beim Verkehrsverein Idstein unter der Telefonnummer 06126/78271 erhältlich.

Das Wickerer Weinfest

Der Flörsheimer Stadtteil sieht sich als Tor zum Rheingau und verweist mit seinen oftmals prämierten Rieslings-Lagen darauf, dass sich auch der Wein vor den Toren Hochheims noch sehen lassen kann. Das Wickerer Weinfest wird jährlich mit Musik und etwa 20 Weinständen in dem «fröhlichen Dorf» an jedem ersten Wochenende im August gefeiert.

In Oberursel begeistern sich Jung und Alt einmal im Jahr beim Seifenkistenrennen, das durch die Straßen der Kernstadt führt.

Auch der Vorplatz der St. Ursula-Kirche wird während des Oberurseler Brunnenfestes zum Festplatz.

Der verlobte Tag in Flörsheim

Jedes Jahr am 13. Sonntag nach Pfingsten erfüllen die Menschen in der Stadt Flörsheim auch heute noch ein altes Versprechen, dass die gesamte Gemeinde am 28. Juli 1666 für sich und die Nachkommen gegeben hat. In einer gewaltigen Prozession ziehen die Bürger mit brennenden Kerzen durch die Stadt und begehen nach katholischer Tradition ihren «Verlobten Tag». Der Ritus zu Ehren der Pestheiligen Sebastian und Rochus wird in Flörsheim wie ein Feiertag begangen und soll an die schlimme Zeit der Pest erinnern, die in der Schifferstadt drei Jahre lang wütete.

Der Legende zufolge sollen die Flörsheimer in größter Not versprochen haben, den Heiligen zu huldigen, solange in der Stadt noch ein Stein auf dem anderen stehe. Die Seuche soll sich darauf nicht weiter ausgebreitet haben und griff vor allem nicht auf den oberen Teil der Stadt jenseits der Kirche über.

Brunnenfest in Oberursel

Am Wochenende nach Pfingsten feiert Oberursel mit der Brunnenkönigin und unzähligen Gästen sein Brunnenfest in den Gassen und Höfen der Altstadt. Internationale kulinarische Köstlichkeiten, Musik und ein Vergnügungspark werden geboten. Zum Abschluss gibt es in jedem Jahr ein Feuerwerk. Jedes Jahr im Sommer lädt die Stadt zum Freilichttheater ein. In dem weitläufigen Park der Jugendgewerkschaftsschule bietet der Kulturförderverein klassisches Theater, sei es Kleists «Prinz von Homburg» oder Molières «Der Bürger als Edelmann». Aufführende sind Laienschauspieler, ergänzt um einige «Profis» von den Bühnen aus dem Umland.

Burgfeste in Königstein und Eppstein

In Königstein, auf der zweitgrößten Festungsruine Deutschlands, findet jedes Jahr ein großer historischer Festzug statt, der eine bestimmte geschichtliche Epoche umfasst. Im Mai gibt es ein Ritterturnier, das Burgfest mit Rittern, Pagen und Burgfräuleins fällt auf die zweite Augusthälfte.

Auch die Eppsteiner feiern im August ihre Burgfestspiele, bei der nicht nur einheimische Laienschauspieler ihre Kunst zeigen, sondern auch andere Tourneetheater ihre Stücke unter freiem Himmel zum Besten geben.

Laurentiusmarkt in Usingen

Im September muht, mäht, wiehert und meckert es in Usingen. Der Laurentiusmarkt ist auch heute noch mit einer Kreistierschau und echter Krammarktatmosphäre verbunden.

Laternenfest Bad Homburg

Weit über die Grenzen des Taunus bekannt ist das Laternenfest in Bad Homburg, bei dem Anfang September die gesamte Innenstadt, das Landgrafenschloss und der Park mit unzähligen Laternen illuminiert wird. Drei Tage lang schlängeln sich dann Festzüge durch die Stadt. Windhunderennen und Konzerte vor dem Schloss im Lichte von 1000 Kerzen runden das Programm ab.

Die größte Veranstaltung der Kurstadt Bad Homburg ist das Laternenfest Anfang September.

Ihm zu Ehren gibt es auf dem Marktplatz den Laternenfestbrunnen.

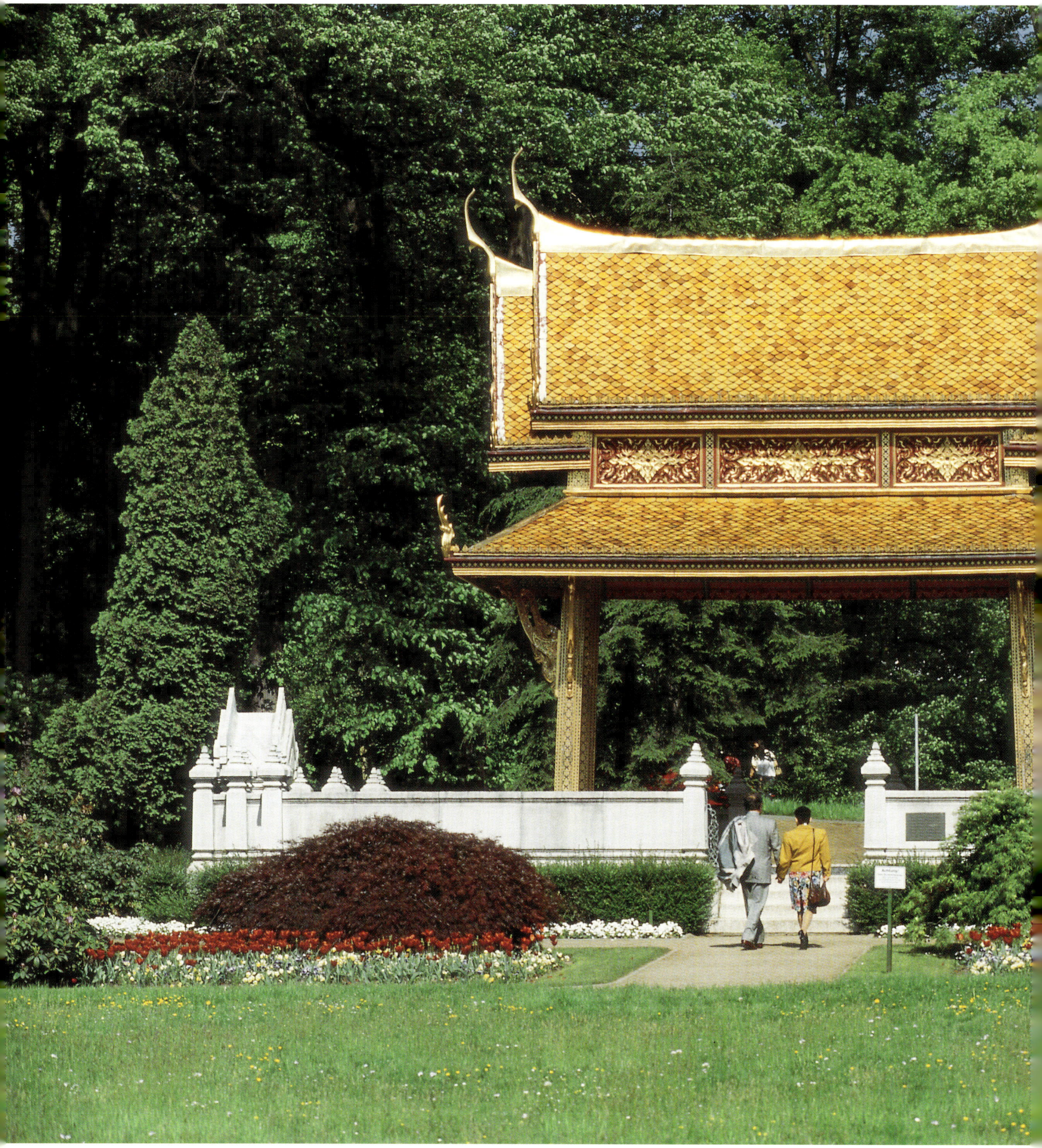

Europas Aristokratie erholt sich im Taunus

MIT DER ENTDECKUNG
DER HEILQUELLEN
BEGINNT DIE GROSSE
ZEIT DER KURORTE

Von Asien lernen, heißt etwas über Badekultur lernen: Die Taunus-Therme in Bad Homburg versteht sich als «Quelle der Gesundheit».

Die Landeshauptstadt Wiesbaden nennt sich «Nizza des Nordens», Bad Homburg wirbt mit «Champagnerluft und Tradition», Königstein rechnet sich seit kurzem zur «premium class» heilklimatischer Kurorte, und auch die Hessischen Staatsbäder Schlangenbad und Bad Schwalbach geizen via Internet nicht mit Superlativen, wenn es um die Kur geht. Laut ihrer Werbung gibt es «kaum in der Welt eine Gegend, die so reich an Heilquellen ist wie der Taunus».

Die Quellen verdanken sich jenen basaltischen Eruptionen, aus denen auch der Vogelsberg hervorgegangen ist. Die aus tiefem Grund sprudelnden Heilwässer ziehen sich wie an einer Reihe entlang der südlichen Randspalte des Taunus in einem Bogen von Bad Nauheim im Nordosten bis nach Aßmannshausen. Die Quellen insbesondere am Südtaunusrand haben einen besonders hohen Salzgehalt und werden daher als Kochsalzquellen beziehungsweise als Kochsalzsäuerlinge bezeichnet. Auch schwefel- und eisenhaltige Wässer kommen vor. Von Thermalquellen spricht man, wenn das Wasser beim Erdaustritt über 20 Grad Celsius warm ist.

Die Bäderkultur zwischen Bad Homburg, Wiesbaden, Bad Camberg und Bad Ems an der Lahn fußt auf einer langen Tradition. Das Thermalwasser in Wiesbaden wussten bereits die Römer zu schätzen. Der steinerne Unterbau eines römischen Schwitzbades unter dem heutigen Kaiser-Friedrich-Bad bestätigt, dass ihnen die 66,4 Grad heiße Adlerquelle wohl bekannt war. Wiesbaden entwickelte sich dank des wertvollen Geschenks der Natur mit seinen 26 Thermalquellen im 19. Jahrhundert zur «Weltkurstadt». Dem Grundsatz «Mens sana in corpore sano» – In einem gesunden Körper wohnt ein gesunder Geist – wurde in der Stadt auf hohem Niveau gefrönt, wie der 1913 eröffnete elegante Badepalast des Kaiser-Friedrich-Bades zeigt, ausgestattet mit Malereien, Reliefs und Ornamenten, die an die luxuriösen Prachtbauten der Antike erinnern.

Die begehrten Badelandschaften des Taunus verstehen sich als «Quellen der Gesundheit», seien sie nun im asiatischen Stil gehalten wie die Bad Homburger Taunus-Therme, in bunter Fertigbauweise wie das Kurbad in Königstein oder in antikem Stil wie die restaurierte Wiesbadener Kaiser-Friedrich-Therme. Und natürlich gibt es die «Zwillingsbrüder» der Badekultur; die Spielbanken. Der Fürst von Nassau-Usingen hat die belebende Verbindung von kuren und «jeuen» bereits 1771 erkannt, als er erstmals einen Bankhalter in Wiesbaden konzessionierte. Elf Jahre später wurde das Roulette eröffnet. Auch in Ems an der Lahn konnten die gekrönten Häupter dieser Welt, Musiker und Literaten ihr Glück versuchen, in Homburg war es Mitte des 19. Jahrhunderts soweit, als die Gebrüder Blanc die ersten Spieltische aufstellten.

DIE BÄDER, DIE RUSSEN UND DIE WELTLITERATUR

In deutschen Heilbädern und unter der Obhut deutscher Ärzte musste man einfach gesund werden, das war der unerschütterliche Glaube der Russen im 19. Jahrhundert. Zu den berühmten Gästen in Soden zählte Leo Tolstoi, der dort seinen kranken Bruder besuchte.

Berühmtester russischer Gast in Homburg war Fjodor Dostojewski. Er verspielte im Kasino sein ganzes Geld und verpfändete sogar seine Uhr. Zeitgenössische Szenen der Kleinstadt hat er literarisch ebenso verewigt wie Tolstoi, der das Kurleben Sodens in seinem Roman «Anna Karenina» schilderte. Ob das fiktive «Roulettenburg» in Dostojewskis autobiographisch gefärbten Roman «Der Spieler» allerdings Szenen in Homburg oder solche in Wiesbaden oder Baden-Baden wiedergibt, ist umstritten. Jene russische «Großtante» jedoch, die in dem Buch auftaucht, hat unbestritten die Homburger Gräfin Sophie Kisseleff zum Vorbild, selbst eine leidenschaftliche Spielerin. Entlang der nach ihr benannten Straße hat Gräfin Kisseleff eine Reihe von Villen gebaut. In einer von ihnen residierte nach dem Zweiten Weltkrieg die Sonderstelle Geld und Kredit, in der Ludwig Erhard die D-Mark schmiedete.

1896 erhielt Homburg nach Bad Ems und Baden-Baden als drittes großes Heilbad eine russische Kirche, die im Kurpark steht. Initiator des Kirchenbaus war der Kaiserliche Wirkliche Geheime Staatsrat Alexander Poworoff. Er lebt in Bad Homburg bis heute in Gestalt einer reizvollen Geste weiter: Immer im Juni verteilen der Oberbürgermeister und der Kurdirektor auf der Louisenstraße Rosen an die Damen und machen es damit dem russischen Kurgast nach, der als charmanter «Rosenkavalier» jeder hübschen Passantin ein Exemplar der «Königin der Blumen» zu verehren pflegte.

In Wiesbaden blickte Goethe in «alle Herrlichkeit der Welt»

Von den Römern bis hin zu jener Bäderwelt von heute war es ein weiter Weg. Wiesbadens wirtschaftlicher Aufschwung zum mondänen internationalen Luxus- und Vergnügungsbad begann im 18. Jahrhundert, als die Fürsten von Nassau die Stadt zu ihrer Residenz machten. Unter der Regie Preußens wurde Wiesbaden von 1866 an zur dominierenden Kurstadt des Deutschen Reiches. Außer der wohltuenden Wirkung der Quellen, die aus 2000 Meter Tiefe bis zu 67 Grad heißes Wasser hervorbringen, war dies der eleganten Spielbank und den nassauischen und preußischen Stadtherren zu verdanken, die weitläufige Plätze und repräsentative Bauten anlegen ließen. Johann Wolfgang von Goethe, der 1814 in Wiesbaden zur Kur weilte, beschrieb die Architektur in einem Brief an seine Frau Christiane als «höchst verständig und lobenswürdig … Es gibt Straßen, die der größten Stadt Ehre machen würden. Hier brauchst Du nur eine Viertelstunde des Weges zu steigen und Du blickst in alle Herrlichkeit der Welt …»

Goethe soll über die Welt des Großbürgertums und Reichtums auch geäußert haben, man spüre, dass im mondänen Wiesbaden «die Münze rund ist». Am Kochbrunnenplatz, im 19. Jahrhundert Zentrum der Trinkkur, ist dieser alte Glanz noch heute lebendig. Hier stehen Bauten aus der Gründerzeit, ehemalige Luxushotels und der Brunnenpavillon. Über die «Rue» gelangt man zum Kurviertel, wo die Prachtbauten des Hessischen Staatstheaters mit seinem Foyer im Rokokostil, die Kolonnaden, längste Säulenhalle Europas, und das Kurhaus im neoklassizistischen Stil ein architektonisches Ensemble bilden.

Auch wenn hinter dem Kurpark mit seinen alten Platanen der Autoverkehr brandet, lebt allerorten die Erinnerung an die große alte Bäderzeit. Sie verbindet sich auf ideale Weise mit dem savoir vivre des nahen Rheingaus. Besonders in der alljährlichen Rheingauer Weinwoche präsentiert sich die Wiesbadener Lebensart, wenn in der Fußgängerzone die «längste Theke der Welt» aufgebaut wird.

Von der Natur verwöhnt war jedoch nicht nur das wilhelminische Kurbad. Viele der Heil- und Mineralquellen am

Das Biebricher Schloss.

Südhang des Taunus wurden mit ihm populär und verhalfen einst armen Dörfern und heruntergekommen Landgrafschaften zu wirtschaftlicher Prosperität. Das 19. Jahrhundert ist das «Goldene Jahrhundert» für die Bäderkultur des Taunus, woran auch die moderne Wissenschaft ihren Anteil hat. 1837 bestätigte der Medizinalrat Eduard Christian Trapp dem Taunus eine Atmosphäre, die «... auch ohne Gebrauch der Bäder sehr wohltätig zusagt, die Reizbarkeit der Nerven mindert und im Verein mit dem erhebenden Anblick der ruhigen Landschaft den bekümmerten Nervenschwachen, den Hypochondristen in jene aufheiternde Stimmung bringt, welche so wesentlich den Erfolg von Brunnen- und Badekuren fördert.» Die goldenen Worte des Gießener Chemiker Justus von Liebig über das Homburger Elisabethenwasser sind noch heute auf einer Marmortafel im Architrav des Brunnenhauses zu lesen: «Es möchte in Deutschland wohl schwer sein, ein Mineralwasser zu finden, welches gleichen Reichtum an wirksamen Bestandteilen wie der Bad Homburger Elisabethenbrunnen darzubieten vermochte».

Schlangenbad, der Geheimtipp zwischen Wald und Reben

Schlangenbad ist nach der in der Gegend noch immer heimischen Äskulapnatter benannt, eine ungiftige Schlange, die als Wappentier der Ärzteschaft bekannt ist. Der Kurort schmiegt sich ganz lieblich in ein Tal des Rheingau Gebirges, wo der Warme Bach entspringt, der sich durch den Kurpark schlängelt und vor über 300 Jahren den Grenzverlauf der Herrschaftsgebiete markierte.

Das Staatsbad bietet den Erholungssuchenden das Wanderparadies des Taunus und zugleich die Nähe zur Weinlandschaft des Rheingaus, die nur ein paar Kilometer entfernt im Eltviller Stadtteil Martinsthal beginnt. Das Staatsbad verfügt über insgesamt neun Quellen, die mit einer natürlichen Wärme von 26 bis 31 Grad anregend und zugleich entspannend wirken.

Der kleine, gepflegte Kurpark führt leicht bergauf zum Parkhotel Schlangenbad mit dem Kurhaussaal und den Kurkolonnaden, vorbei am modernen Zentrum für Rheumatologie, in dem alle Erkrankungen des rheumatischen Formenkreises behandelt werden.

Wie im benachbarten Bad Schwalbach, hebt das Kurangebot in Schlangenbad längst nicht mehr allein auf die Kassenpatienten ab, sondern setzt auf den gesundheitsbewussten Kurzurlauber. In dem kleinen Taunus-Weiler, der einst im Schnittpunkt von drei selbständigen Herrschaftsgebieten lag, fand im 17. Jahrhundert ein regelrechter Wettlauf der Kurgründer statt. Den ersten Schritt machte der hessische Landgraf Karl, der 1694 auf der linken Seite des Warmen Bachs Bade- und Logierhäusern errichten ließ.

Nur einige Jahre später folgte ihm der Mainzer Kurfürst Lothar von Schönborn auf seiner Seite. Damit gab es plötzlich zwei Kurorte beiderseits des Bachs – was dem Ort keinesfalls schadete. Er wurde zum hochfeudalen Mode- und Luxusbad, in der alles verkehrte, was in der damaligen Gesellschaft Rang, Namen und Geld hatte. Der Gothaische Hofkalender verzeichnete alljährlich, welche Standespersonen sich in der vergangenen Saison in Schlangenbad aufgehalten hatten.

Der Elisabethenbrunnen im Kurpark von Bad Homburg.

Weiher mit Fontäne im Kurpark von Bad Schwalbach.

Diese «gute alte Zeit» gehört jedoch auch für Schlangenbad zur Vergangenheit, das Land Hessen möchte sein Staatsbad gern «privatisieren». Gebäude wie das Hotel «Russischer Hof» oder das Haus Hohenzollern erinnern an diesen Zeitabschnitt der Kurblüte. Schlangenbads Beliebtheit wurde so groß, dass es für sein Heilwasser sogar Abnehmer in Dänemark und Schweden fand. Das Thermalwasser speist heute ein Frei- und ein Hallenbewegungsbad.

Bad Schwalbach, der Senior unter den Kurorten

Langenschwalbach, wie Bad Schwalbach ursprünglich hieß, ist der Senior unter den Taunus-Kurorten: Die Stadt blickt auf eine 400 Jahre alte Tradition als Heilbad zurück. Das Dorf galt schon seit dem 16. Jahrhundert als Badeort. Durch Heilerfolge vor allem an dem Bruder des Kurfürsten von Mainz bekannt geworden, kamen Kurgäste, um das natürlich eisenhaltige und kohlensäurereiche, kalte Mineralwasser bei Bade- und Trinkkuren zu nutzen. Zu einem luxuriösen Kurort und europäischen Modebad mauserte sich Langenschwalbach im 19. Jahrhundert. Die Kaiserinnen von Frankreich und Österreich, die russische Zarenfamilie und Prominente aus Kunst und Kultur fanden sich ein, dazu Spieler und Glücksritter, die im Kasino an den 30 Spieltischen mit hohen Einsätzen spielten.

Diese glorreiche Epoche ist Vergangenheit. Die Kreis- und Kurstadt setzt heute nicht mehr nur auf ihre neun Mineralbrunnen, sondern auf das eigene Moor, um ihr Image als Ort der Naturheilkunde zu schärfen und zahlungskräftige Kurgäste in den Taunus zu ziehen. Entdeckt wurde dessen heilende Wirkung vor mehr als 100 Jahren. 1905 wurde das Moorbadehaus am Kurpark errichtet. Der Badetorf entstand in 10.000 Jahren durch die schichtweise Ablagerung von Pflanzenresten und findet sich in zehn Moorgruben am Ende des Kurparks.

Bei etwa 600 Wannenmoorbädern und 900 Moorpackung, die im Durchschnitt je Monat verabreicht werden, fehlt es bei einem Vorrat von 60.000 Kubikmetern nicht an Reserven. Die Moorgruben machen Bad Schwalbach in Hessen einmalig, da es keinen zweiten Kurort mit einem solchen Heilmittel gibt.

Das Stadtbild im Kurviertel ist noch bestimmt von Geschmack des 19. Jahrhunderts. Bauten aus dieser Epoche sind das Kohlensäure-Stahlbadehaus von Heinrich Jacob Zengerle, das 1828 im Kurpark errichtet und durch Eduard Zais erweitert wurde. Das Kurhaus, 1847 im Stil der italienischen Spätrenaissance gebaut, bildete den kulturellen und gesellschaftlichen Mittelpunkt im Kurviertel. Heute dient als Kurhaus der ehemalige Kursaal, ein spätklassizistisches Bauwerk von Philipp Hoffmann. Der Kurpark ist im englischen Landschaftsstil gestaltet. Auch die vielen restaurierten Fachwerkhäuser, die klassizistischen Bauwerke in der Innenstadt und das Rothenburger Schlösschen des hessischen Landgrafen zeugen von der einstigen Blütezeit des Kurortes, die mit dem Ersten Weltkrieg an ihr Ende gelangte. Zum Hessischen Staatsbad gehören heute mehrere Fach- und Kurkliniken, in denen Patienten mit degenerativen rheumatischen Erkrankungen, Frauenleiden, Herzerkrankungen, Kreislauf- und Gefäßerkrankungen behandelt werden.

Bad Soden, Stoltzes «deutsches Nizza»

Wer heute in Bad Soden vom neuen in den alten Kurpark wechselt, vorbei an der Sodenia-Therme, dem Paulinenschlösschen und dem kurz nach der Jahrhundertwende errichteten Medico Palais – einst das bedeutendste Inhalatorium Europas – mag kaum glauben, was der Frankfurter Pfarrers Anton Kirchner 1767 festhielt. Zwar lobte der Historiker und Lehrer die «ländliche Anmuth» Sodens, schrieb aber auch von dem « schmutzigen Dorf, wo es fast an allem fehlt, was die Zeit verkürzen, und zum Lebensgenuße beitragen kann».

Den Weg vom schmutzigen Dorf zum Kurort verdankt Soden den Frankfurtern, die nicht nur als Gäste kamen, sondern auch als Bauherren und Architekten wirkten. Die Anlage rund um das Kurhaus, das heutige Parkhotel, gestaltete Frankfurts Stadtgärtner Sebastian Rinz. Frankfurts Gartenbaudirektor Andreas Weber, Schöpfer des «Nizza» am Mainufer, legte in den siebziger Jahren die Anlage rund um das Badehaus an. Aus dem Städtchen mit einfachen Bauernquartieren wurde der Geheimtipp der Frankfurter Gesellschaft. Damen, die etwas auf sich hielten, kamen zur «Wellness» in den Taunus. In einer Zeitschrift aus dem Jahr 1838 wird diese biedermeierliche Gesellschaft anschaulich beschrieben: «Seit einer langen Reihe von Jahren ist während der schönen Jahreszeit das kaum drei Stunden von Frankfurt am Main gelegene Soden mit seinen Heilquellen ein Lieblingsaufenthalt vieler schöner Frankfurterinnen, denen der Arzt eine Badekur verordnet hat. Von Anfang Juni bis Ende August ist das ländliche Soden belebt und bewandert. Die gute Frankfurterin befindet sich hier wohl und behaglich, athmet gesunde, stärkende Luft, depensirt wenig Geld und ermangelt der Bekanntinnen nicht».

Soden wurde literarisch verewigt im Roman «Anna Karenina» von Leo Tolstoi, den der russische Dichter nach dem Besuch seines erkrankten Bruder schrieb, der in der Stadt zur Erholung weilte. In ihm hat er Szenen des Badelebens im Taunus festgehalten. Die Liste der Sodener Kur-Prominenz war zu Zeiten Tolstois nicht

Frankfurter Gartenkunst: Der Kurpark in Bad Soden.

Königstein im Winter. Die Stadt zählt zu den «Besten» der heilklimatischen Kurorte.

viel kürzer als die von Wiesbaden, Bad Ems, Schlangenbad oder Homburg. Glaubt man dem Frankfurter Mundartdichter Friedrich Stoltze, hat das Städtchen bei aller Noblesse dennoch seine Bodenständigkeit nie verloren. Bekannt ist sein Satz: «Un er hat nich bereut de romandische Fahrt mit e Eespänner uff der frischiwwerworfene Chausee iwwer Höchst dorch des milde Klima von Sode, dem «deutsche Nizza», wie's uff italienisch heeßt».

Von der großen alten Zeit der Sodener Kur zeugen heute noch eine Reihe von Bauwerken. Das bekannteste ist das vor nicht langer Zeit sanierte Kurmittelhaus, das «Medico Palais». Das Paulinenschlösschen wurde 1847 von der Nassauer Herzoginwitwe Pauline als Sommersitz erbaut, das heute die Stadtverwaltung beherbergt. Das Badehaus, heute Café, Bibliothek und Museum, stammt von 1870. Gegenüber dem Kurmittelhaus liegt die «Sodenia Therme». Rund 300.000 Anwendungen im Jahr werden in dem Thermalsole-Bewegungsbad durchgeführt, in 32 bis 34 Grad warmem Quellwasser. Die meisten der zehn staatlichen anerkannten Heilwässer sprudeln in den vier Gartenanlagen der Kernstadt.

Am Rande des kleinen Kurparks sticht seit einigen Jahren ein Gebäude besonders ins Auge: das so genannte Hundertwasserhaus. Das Haus gibt sich durch die Dekoration seiner Fassaden gleich als Werk des inzwischen verstorbenen Wiener Künstlers Friedensreich Hundertwasser zu erkennen.

Königstein, ein Freilichtmuseum der Villen-Architektur

Mit der «premium class» darf sich Königstein seit dem Jahr 2000 rühmen, und zählt damit zu den «Besten» der heilklimatischen Kurorte Deutschlands. Was noch fehlt, ist das Prädikat «Bad». Mit der Wiederinbetriebnahme der Haderheck-Quelle will die Stadt diesem Ziel ein Stück näher kommen. Die Kurgäste, die im 19. Jahrhundert die Kaltwasserheilanstalt im Billtal aufsuchten, haben Königstein schon damals als Bad bezeichnet, obwohl es niemals eine offizielle Bestätigung dafür gab. Die Burgenstadt war einst Sommersitz der nassauischen Herzogin Adelheid Marie, die das ehemalige kurmainzer Amtshaus erworben hatte, das als «Luxemburgisches Schloss» zum Treffpunkt der Gesellschaft wurde. 1970 hat die Stadt das Gebäude saniert und vermietet. Im «schönsten Amtsgericht Hessens» wird seitdem nicht nur Recht gesprochen, sondern hier finden regelmäßig auch anspruchsvolle Konzerte statt.

Einst eine Frankfurter Bankiervilla, heute Königsteiner Kurhaus: Villa Borgnis im Schweizerhaus-Stil.

Königstein ist dank der zahlreichen Frankfurter Bürger, die das Dorf mit mildem Reizklima Anfang des Jahrhunderts als ihren Zweitwohnsitz entdeckten, eine Art Freilichtmuseum der Villen-Architektur geworden. Typisches Beispiel ist das Kurhaus. Wer heute auf dessen Terrasse sitzt und den Blick in den Park genießt, befindet sich im einstigen Anwesen des Frankfurter Kaufmanns Matthias Borgnis. Sein Gartenhaus, errichtete als Schweizerhaus, firmiert heute als «Kurhaus Villa Borgnis».

Weitere Frankfurter mit klingenden Namen folgten, darunter die Familien Bethmann, Rothschild, Andreae und Gans. Eines der schönsten Häuser, die 1888 bis 1894 errichtete Villa für Wilhelm und Hannah von Rothschild, spielte in der Nachkriegsgeschichte ab 1947 als «Haus der Länder» eine bedeutende Rolle. Hier tagte 1949 die Konferenz der Ministerpräsidenten, die die stockenden Verhandlungen zum Grundgesetz forcierten. Königstein darf sich daher als Wiege des Grundgesetzes bezeichnen. Seit 1956 wird die ehemalige Rothschild-Villa als Kurhotel «Sonnenhof» von der Stadt geführt. Außer vorzüglichem Essen bietet das Haus von einem der Salons aus einen unvergleichlichen Blick hinab auf die Bankenmetropole. Eine gewisse Berühmtheit hat Königstein auch einem anderen Frankfurter zu verdanken, dem Immobilienkönig Jürgen Schneider, der die größte Baupleite der Nachkriegsgeschichte zu verantworten hat. Er residierte bis zu seiner spektakulären Flucht 1994 in der «Villa Andreae», seit 1994 eines der am meisten fotografierten Häuser der Stadt.

Königstein ist Standort mehrerer traditionsreicher Kliniken wie der Migräneklinik Dr. Brand oder der Klinik Dr. Steib, in der Nerven- und Gemütskrankheiten behandelt werden. Eines der ältesten Häuser ist das Sanatorium Dr. Amelung. Das Kurbad dient zugleich als Therapiezentrum. 1999 wurde in dem Königsteiner Stadtteil Falkenstein die Asklepios Neurologische Klinik eröffnet. Nur einige hundert Meter entfernt davon liegt eines der exklusivsten Hotels der Region. Der aufwendig sanierte historische Gebäudekomplex war 1909 auf «allerhöchsten Befehl Seiner Majestät des Kaisers und Königs» Wilhelm II. als Offiziersgenesungsheim eingeweiht worden. Das Fünf-Sterne-Hotel Kempinski befindet sich in einem weitläufigen Park, der von dem Frankfurter Gartenarchitekten Heinrich von Siesmayer angelegt wurde.

Das Historische Rathaus der Stadt.

Intakte Natur – wie hier im Weiltal – ist der Trumpf Schmittens im Wettbewerb um Besucher und Touristen.

Schmitten lockt mit dem Pferdskopf und dem Weiltal

Die Gemeinde Schmitten mit ihren neun Ortsteilen, die von Frankfurt aus hinter dem «hohen Gebirge» liegen, gilt als geschätzter Luftkurort. Mit 1000 Gästebetten steht es im Fremdenverkehr auf Platz 3 im Hochtaunuskreis. In den «Goldenen Zwanzigern» wurden zwischen 3000 und 4000 Kurgäste jährlich verzeichnet, wozu auch die neue Mode des Ski-Fahrens und Rodelns beitrug. Nach wie vor ist Schmitten ein beliebter Ausflugsort, der sich um seine Gäste bemüht. Außer dem «Highlight» Feldberg, der allein im Jahr etwa eine Million Besucher anzieht und zur Schmittener Gemarkung zählt, lockt der Pferdskopf im Ortsteil Treisberg in 663 Metern Höhe und das Weiltal. Neben den Hotels und Gasthäusern finden sich Einrichtungen für Familien und Jugendliche. Sehr bekannt ist die Familienferienstätte Dorfweil.

Bad Ems, kurstädtischer Charme an der Lahn

Bad Ems nennt sich die «charmante Kurstadt an der Lahn». Gelegen mitten im Naturpark des Lahntales, wird sie von den bewaldeten Bergen des Taunus und Westerwaldes umgeben. Die bis zu 57 Grad heißen «Emser Quellen» gehören zu den ältesten Deutschlands. Sie entspringen den Tiefen des Emser Quellsattels und werden wegen ihrer reichhaltigen Mineralstoffe sehr geschätzt. Das Emser Wasser zählt seit vielen Jahrhunderten zu den zuverlässigen Naturheilmitteln. Herzstück des Kurortes ist das Gesundheitszentrum mit der «Emser Therme», die von den Emser Quellen gespeist wird. Drei große Becken mit einer weit über 1000 Quadratmeter großen Wasserfläche bieten ausreichend Platz zum Schwimmen. Alle Becken sind mit 32 Grad warmen Quellwasser gefüllt. Neben der Emser Therme gehört das Emser Kurmittel- und Therapiezentrum zum Gesundheitszentrum. Bad Ems Aufstieg zur Gesundheits-Metropole begann im 19. Jahrhundert, als Zaren, Kaiser und Könige, bekannte Staatsmänner wie von Humboldt und bedeutende Künstler in Bad Ems ihre Gesundheit pflegten.

Einen historischen Ruf hat die Stadt seit 1870 durch die «Emser Depesche», ein Telegramm, das den Kanzler Otto von Bismarck über die Unterredung König Wilhelm I. mit dem französischen Gesandten Graf Benedetti unterrichtete und nach seiner Veröffentlichung Frankreichs Kriegserklärung an Deutschland auslöste.

Trotz aller gesellschaftlicher Umbrüche konnte die Lahnstadt ihre Stellung als europäisches Kur- und Badezentrum bewahren. Kunst und Kultur haben hier eine lange Tradition. Lohnenswert ist ein Besuch des Künstlerhauses Schloss Balmoral mit seinen wechselnden Ausstellungen und der Spielbank an der Lahn, die als eine der ältesten in Deutschland gilt.

Erinnerung an einen Demokraten: die Gagern-Gedenkstätte in Kelkheim.

Bad Homburg – Wilhelminisches Kurbad mit Charme

Viele Menschen in der Kurstadt meinen, Homburg habe eigentlich 15 Heilquellen – die Spielbank als «wärmste Quelle» mitgerechnet. Ganz unrichtig ist diese Auffassung nicht, denn den Aufstieg von der armen Landgrafenresidenz zum mondänen Kurbad hat die Stadt außer den Heilquellen und Deutschlands Kaiser Wilhelm II. vor allem den französischen Glücksrittern Francois und Louis Blanc zu verdanken. Sie eröffneten 1841 im Brunnensaal ein Casino. Dort rollt die Kugel heute noch und trägt nicht unwesentlich zum Reichtum der Kreisstadt bei, die dank dieser «warmen Quelle» ihren Bürgern und Gästen vieles bieten kann.

In den sieben Kliniken und Sanatorien Bad Homburgs werden Rheuma-, Herz-, Leber-, Magen und Hautleiden behandelt. In der Kongress-Stadt stehen für Tagungsgäste und Touristen 29 Hotels und Pensionen bereit. Das mehr als 100 Jahre alte Kaiser-Wilhelms-Bad bietet erholsame Massagen und Bäder, am Rand des Kurparks locken die Taunus-Therme und das Seedammbad. Für Unterhaltung sorgen Veranstaltungen im städtischen Kulturzentrum Englische Kirche und Aufführungen des Kurtheaters im Kurhaus.

Wilhelm II. verdankt Homburg, das 1866 preußische Sommerresidenz wurde, nicht nur die Erhebung zum Kurort, sondern auch einige repräsentative Gebäude. Aus der Preußen-Ära stammt die Erlöserkirche am Landgrafenschloss, der neobarocke Bahnhof mit dem benachbarten Fürstenbahnhof, in dem seit 1981 ein Jugendmusiklokal untergebracht ist, und den Herzberg, einen Aussichtsturm im römischen Stil auf dem Hausberg der Homburger.

DIE WIEGE DER DEMOKRATIE STEHT IN HORNAU

Es soll ein milder Oktobertag in jenem Schicksalsjahr 1838 gewesen sein, als sich Friedrich, Heinrich und Max von Gagern zu Fuß vom elterlichen Hofgut in Hornau, heute ein Stadtteil Kelkheims, aus auf den Weg zum Staufen machten. Dicht unter dem Mahnstein-Felsen reichten sich drei Brüder die Hand. Sie schwuren sich, komme was wolle, für die Einheit Deutschlands zu kämpfen. Jeder der Brüder erfüllte diesen Eid auf seine Weise: Heinrich wurde 1848 zum Präsidenten der ersten deutschen Nationalversammlung in der Paulskirche gewählt, Max wurde als Nassauischer Abgeordneter in das Parlament entsandt, und Friedrich fiel im Kampf gegen republikanische Freischaren auf dem Schlachtfeld.

Der Einsatz der drei männlichen Gagern-Sprösslinge für das Vaterland kommt nicht von ungefähr. Vater Hans Christoph setzte sich schon während seines juristischen Studiums in Leipzig und Göttingen mit der Denkrichtung der Aufklärung auseinander. Als oberster Gerichtspräsident im Dienste des Fürstentums Nassau-Weilburg erhielt er das Hofgut von Herzog Wilhelm I. als Ersatz für «bei der nassauischen Staatskasse noch auf Wechselrecht ausstehende Kapitalien». Gäste wie Heinrich Freiherr vom Stein, der Berater Kaisers Alexander I., kamen fortan zu Besuch.

Spuren der Gagern sind in Hornau reichlich zu finden: Die elf Gräber der Familie werden liebevoll gepflegt, Gagernanlage und Gagernhöhe erinnern an die Adelsfamilie von der Insel Rügen wie zahlreiche Straßennamen. 1998, zum Paulskirchenjubiläum, wurde mit zwölf Findlingen unweit des Gesindehauses eine Gedenkstätte geschaffen.

104

Von dieser großen Welt der «Kaiserzeit» war ein halbes Jahrhundert zuvor im armen Landgrafen-Städtchen nichts zu spüren. Dass für die hessen-homburgische Landgrafenresidenz, die unter permanenter Geldnot litt, dennoch ein «Goldenes Zeitalter» anbrach, lag an der idealen Verbindung zwischen Kuren und Spielen: Mit der Eröffnung des Spielkasinos begann Homburgs unaufhaltsamer Aufstieg von der Kleinresidenz zum Modebad der europäischen Aristokratie.

Dem Spielbankbetreiber Blanc ist auch der Kurpark zu verdanken. Er konnte den Generaldirektor der königlichen Gärten in Preußen, Peter-Joseph Lenné, gewinnen, der jene Parkanlage konzipierte, die mit mehr als 40 Hektar Fläche als zweitgrößter Kurpark Deutschlands gilt. In ihm haben mit dem Siamesischen Tempel, eine Stiftung des Königs Chulalongkorn von Siam, und der Russischen Kapelle auch Bauwerke aus anderen Kulturräumen ihren festen Platz gefunden. Die kleine russisch-orthodoxe Kirche geht auf den russischen Staatsrat Proworoff zurück, der wie zahlreiche seiner Landsleute zur legendären Spielbankzeit in Homburg weilte. Prachtzeile der Stadt ist die Kaiser-Friedrich-Promenade entlang des Kurparks mit zahlreichen Gründerzeit-Villen.

Um die Jahrhundertwende galt das neuerbaute «Ritter's Parkhotel» an der Ecke Kisseleffstraße als «Etablissement

Kuren und Spielen sind eine ideale Verbindung. Das Spielkasino gilt als Homburgs «wärmste Quelle».

1. Ranges», in dem Fürsten, Könige und Maharadschas ein und aus gingen. Heute steht an dieser Stelle das Steigenberger-Hotel.

Den Engländern, die früher das Hauptkontingent der Gäste stellten, ist neben der Englischen Kirche auch Deutschlands erster Golfplatz zu verdanken, von dem im Kurpark ein kleiner, öffentlicher Übungsplatz und das restaurierte Clubhaus im Chaletstil zeugen.

Das Clubhaus im Bad Homburger Kurpark erinnert an den ältesten Golfplatz Deutschlands.

HOMBURGS CHAMPAGNERLUFT

Außer dem Tennis und dem Golf hat die Kurstadt auch ihren Werbeslogan «Champagnerluft und Tradition» den Briten zu verdanken. Den aristokratischen Kurgästen des 19. Jahrhunderts war aufgefallen, dass vor allem in den Abendstunden durch die Stadt ein laues, angenehmes Lüftchen wehte, das sogar Fahnen bewegte und kleine Windglöckchen zum Klingeln brachte.

Es handelte sich damals wie heute um ein natürliches Phänomen: Vom Südostrand des Taunus fallen kühle Winde über den Wald hinweg auf die Stadt zu, reichern sich dabei mit Sauerstoff an und ziehen weiter Richtung Frankfurt.

Die Abendbrise erzeugte zuweilen bei den Kurgästen ein leichtes Kribbeln in der Nase – was die vornehmen Engländer an jenes Gefühl erinnerte, das entsteht, wenn ihnen Champagnerperlen in die Nase stiegen. Deshalb sprachen sie von der Homburger «Air of Champagne». Ohne es zu wissen, hatten sie damit einen Werbeslogan mit Zukunft kreiert.

Auf den Geheimen Medizinalrat Deetz geht die Errichtung des Kaiser-Wilhelms-Bades zurück, das 1887 bis 1890 von Baurat Louis Jacobi erbaut wurde. Das Gebäude ist ein typisches Kind seiner Zeit, das durch seinen starken Mittelbau mit Kuppel und Säulenportikus an eine italienische Kirche erinnert. In ihm verbinden sich heute moderne Kureinrichtungen mit dem Charme des vergangenen Jahrhunderts. Dank seiner 14 Heilquellen, die entlang der Brunnenallee im Kurpark sprudeln, gelang der Stadt nach der vorübergehenden Schließung des Kasinos 1866 der reibungslose Übergang vom hessisch-homburgischen Spielbad zum preußischen Kurbad. Heute sprudelt nicht nur die 15. Quelle wieder, die Kur- und Kongress GmbH registriert im Jahr auch etwa 12.000 Kurgäste und mehr als eine halbe Millionen Übernachtungen im Jahr.

Blick auf Bad Homburgs Altstadt und den Brunnen im Innenhof des Landgrafenschlosses.

KAISERIN FRIEDRICH VERLEIHT KRONBERG GLANZ

*I*hr Leben stand unter keinem glücklichen Stern, und als Victoria Adelaide Mary Louise, Tochter der englischen Königin Victoria, ihre Witwenresidenz in Kronberg bezog, hatte die Aristokratin all ihre Träume längst hinter sich gelassen: «I disapear with him», schrieb Kaiserin Friedrich, wie sie sich nach dem Tod ihres «geliebten Fritz» nannte, der Mama 1888 nach London. Nur 99 Tage nach seiner Thronbesteigung war Kaiser Friedrich III. gestorben, sein Sohn Wilhelm der Zweite bestieg den Thron.

Kaiserin Friedrich meidete den Berliner Hof und ging nach Kronberg, das sie während eines Besuchs in Bad Homburg kennengelernt hatte: Als ihr unter vielen Angeboten die Villa des Fabrikanten Jacques Reiss im nahegelegenen Kronberg als Witwensitz angeboten wurde, griff sie sofort zu. Von 1889 bis 1894 entstand nach eigenen Plänen der Kaiserin ein Schloss, in dem sich Stilelemente der deutschen Renaissance mit Tudorgotik und Fachwerkbau verbinden.

Die Residenz markierte einen Wendepunkt in Kronbergs Geschichte: Der Ansturm wohlhabender Neubürger begann, die sich fortan hier ihre Villen errichteten. Nach dem Tod der Kaiserin Friedrich erbte ihre jüngste Tochter Margarethe, die Gattin des späteren Landgrafen Friedrich Carl von Hessen, den Besitz. Die Prinzen von Hessen ließen das Schloss 1954 zu einem Hotel ausbauen. Kronbergs Schlosshotel gilt heute als Nummer 1 in Deutschland.

Dicht drängen sich die Altstadthäuser an die Burg: Kronberg ist ein «Bergdorf» mit steilen Gassen und vielen Treppen.

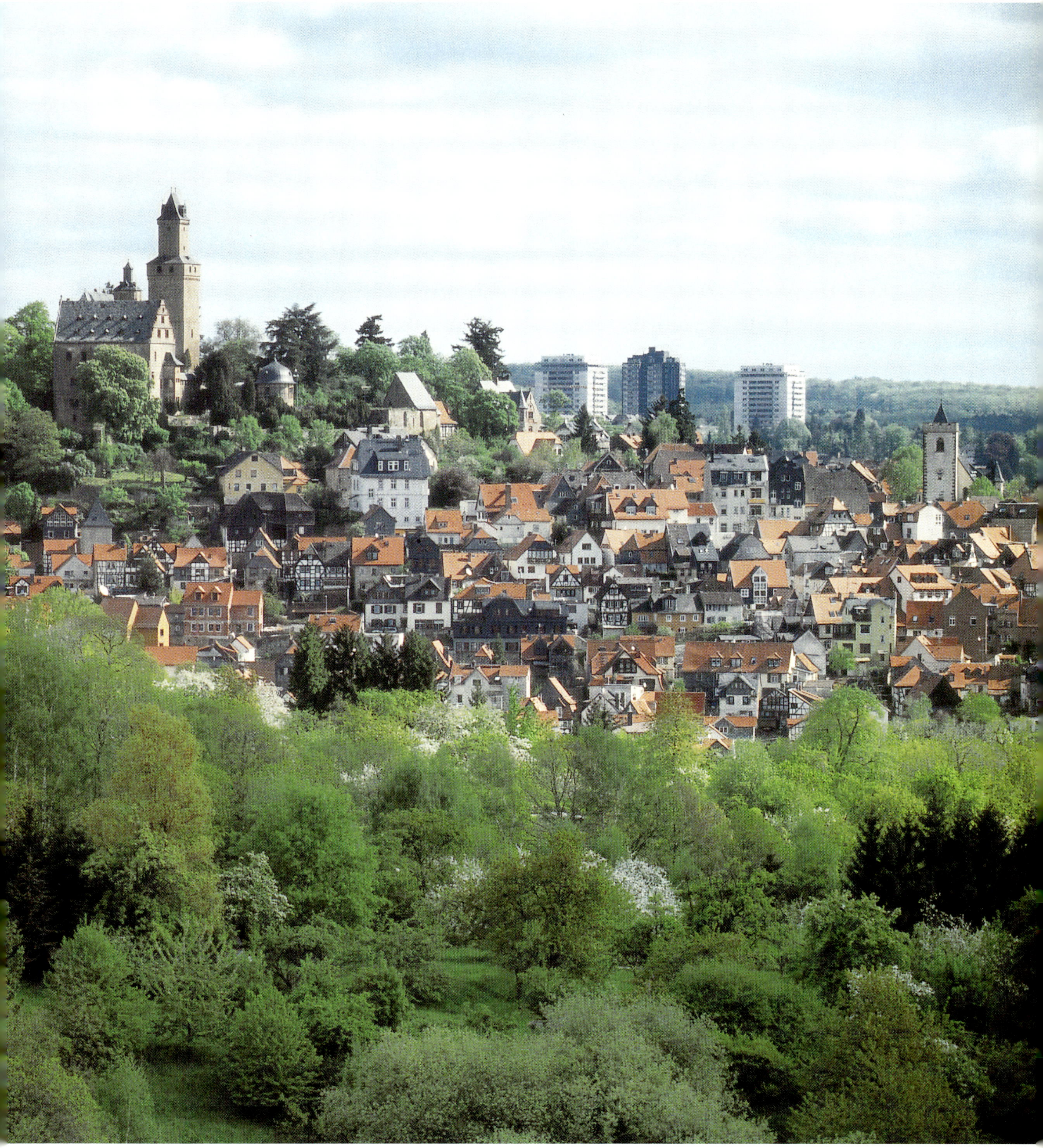

HOCHHEIMER WEIN FÜR ENGLISCHE MAJESTÄTEN

Es ist zwar nur eine Stippvisite gewesen, die Ihre Majestät Königin Victoria um 1850 mit ihrem deutschen Prinzgemahl Albert nach Hochheim führte. Doch das Denkmal, zu Ehren der englischen Königin inmitten der Weinberge errichtet, erinnert für alle Zeiten an die weinselige Verbindung zwischen dem Städtchen Hochheim und dem Londoner Buckinghampalast.

Während die Hochheimer in dem Örtchen ahnungslos ihrer Arbeit nachgingen, wurden die Königin und ihr Gefolge von dem stolzen Winzer Georg Michael Pabstmann in die Weinberge der Lage «Dechantenruhe» geführt.

Dort soll die Königin Trauben eines etwas saueren Jahrgangs gekostet haben. Der Liebe zum Hochheimer Rebensaft tat dies offenbar keinen Abbruch, ist doch ein Ausspruch der Königin überliefert, der auf eine unerschütterliche Treue schließen lässt: «A drop of hock keeps away the doc» (Ein Tropfen Hochheimer hält den Doktor fern), soll sie Gästen stets geraten haben.

Winzer Pabstmann wusste aus dem kurzen Besuch Victorias Kapital zu schlagen: Zum 25. Geburtstag der Königin am 24. Mai 1854 enthüllte er in der Lage Dechantenruhe, unterdessen in «Königin-Victoria-Berg» umbenannt, ein Denkmal im englisch-gotischen Stil. Es ragt in einer Höhe von acht Metern über dem Main und ist mit reliefartigen Löwenköpfen und dem Staatswappen des Vereinigten Königreichs versehen. Die gekrönten englischen Häupter halten dem Wein noch inner die Treue: Bei ihrem silbernen Thronjubiläum 1977 ließ Königin Elisabeth II. in der Guildhall Hochheimer kredenzen.

Hoch über dem Main ragt Hochheims Kirche.

Hochheim zählt zum Weinbaugebiet Rheingau. Berühmteste Lage ist die «Dechantenruhe», die ihren Ruhm einer Stippvisite der englischen Königin verdankt. Ihr zu Ehren ragt ein Denkmal aus dem «Königin-Victoria Berg».

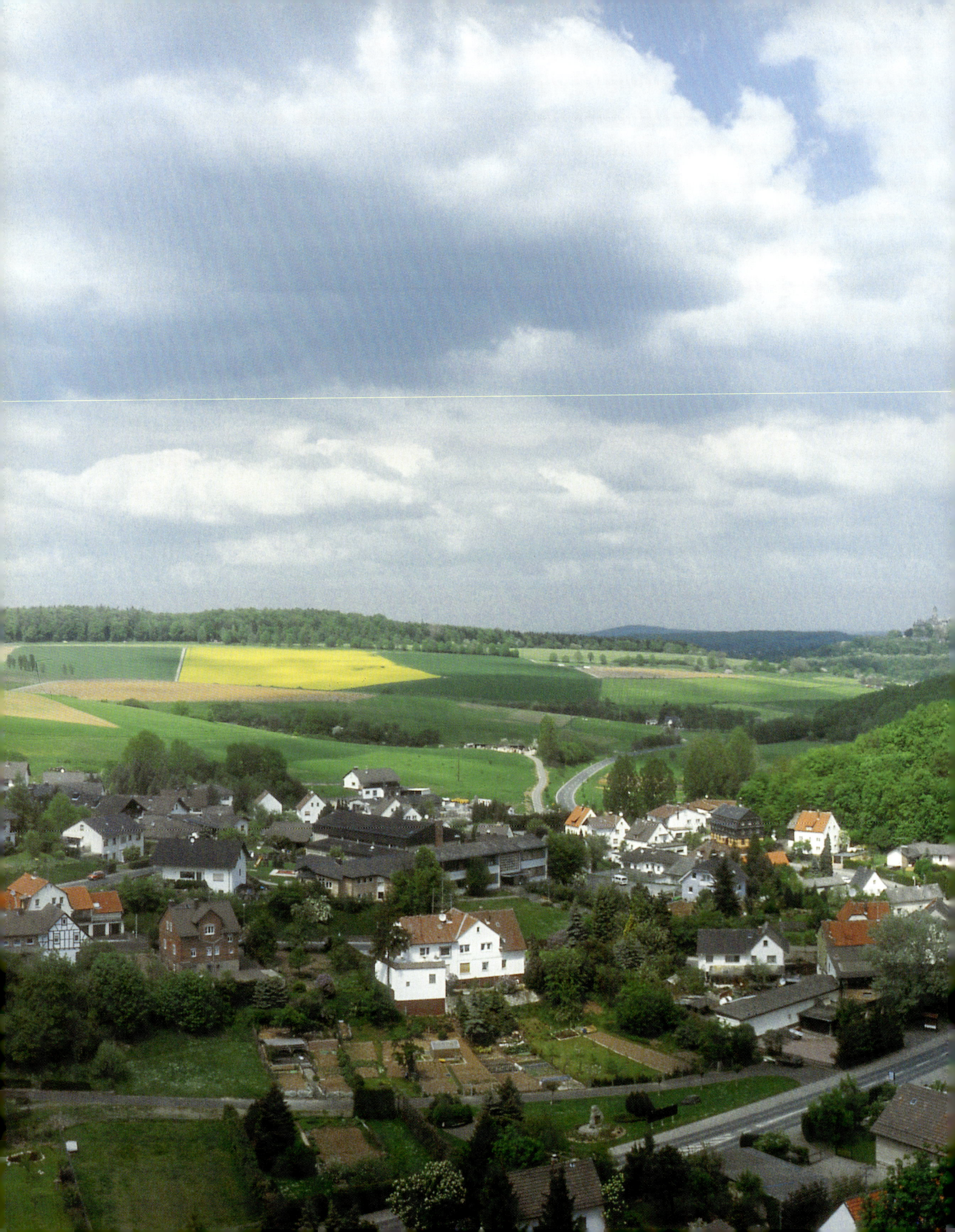

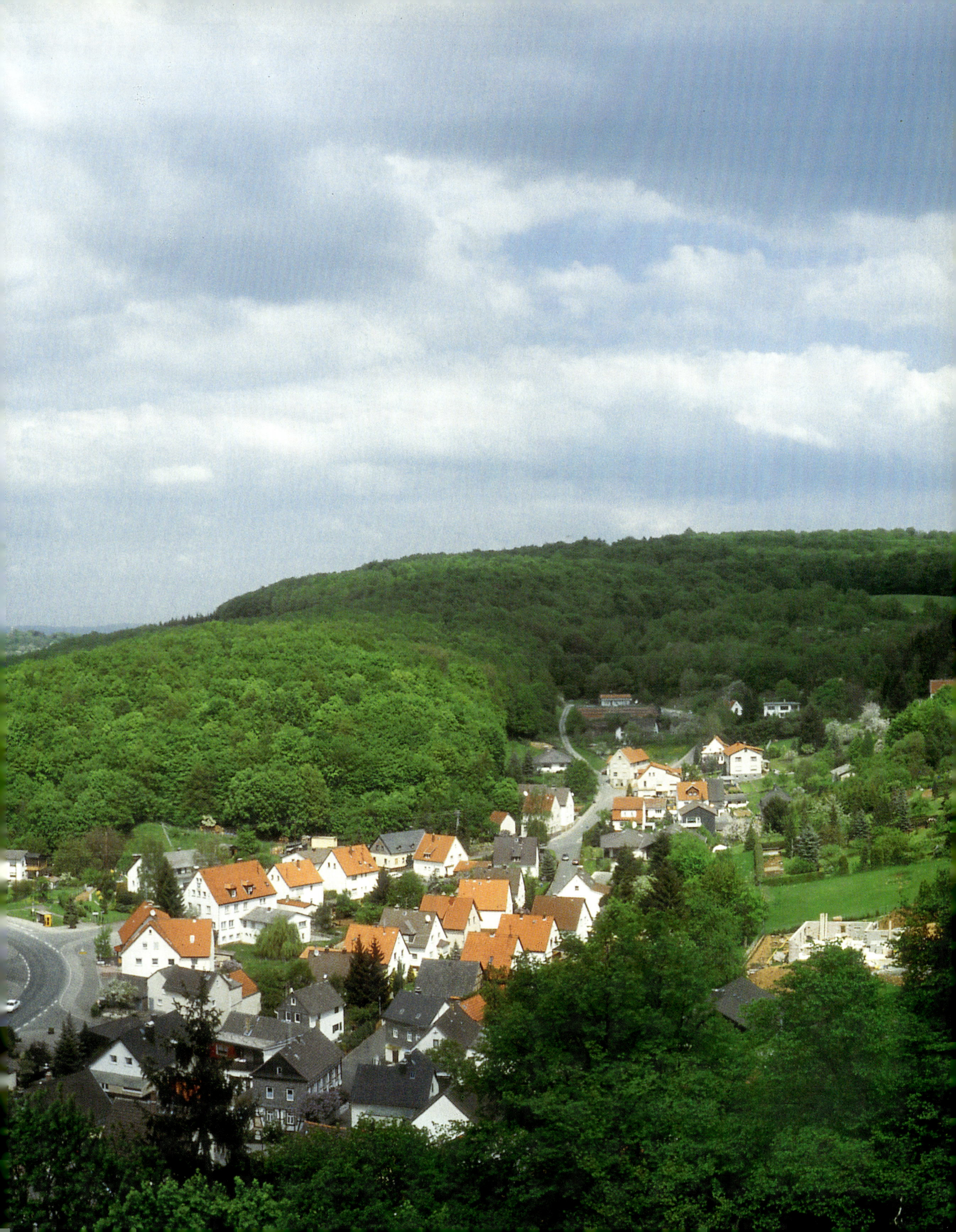

◁ Panoramablick von der Ruine Philippstein über den gleichnamigen Ort zum Schloss Braunfels.

Bad Camberg gilt als ältestes hessisches Kneippbad. Ein reizender Kurpark, der historische Marktplatz und die Kreuzkapelle machen einen Besuch lohnenswert.

Bad Camberg, Hessens ältestes Kneippbad

Bad Camberg wurde 1981 der Titel «Bad» verliehen, bekannt ist die Stadt an der Autobahn 3 vor allem als ältestes hessisches Kneippbad und durch die Selters-Quelle, deren Namen sich zum Synonym für Mineralwasser schlechthin entwickelt hat. Die Oberselterser Mineral- und Heilquelle wurde 1731 entdeckt. Als Natrium-Chlorid-Hydrogenkarbonat-Säuerling gehört die Quelle zu dem Mineralwassertyp, aus dem sich der Begriff «Selterswasser» entwickelt hat. Ein Exportschlager war das Wasser in Tonkrügen schon im 18. und 19. Jahrhundert, als bis zu zwei Millionen Tonflaschen jährlich verkauft wurden. Camberg rühmt sich, Gründungsort der ältesten noch heute bestehenden Bauzunft Deutschlands von 1612 zu sein. Außerdem verfügt die Stadt über einen «schiefen Turm», den so genannten Untertorturm.

Die Kreuzkapelle über dem Goldenen Grund bei Bad Camberg entstand 1682.

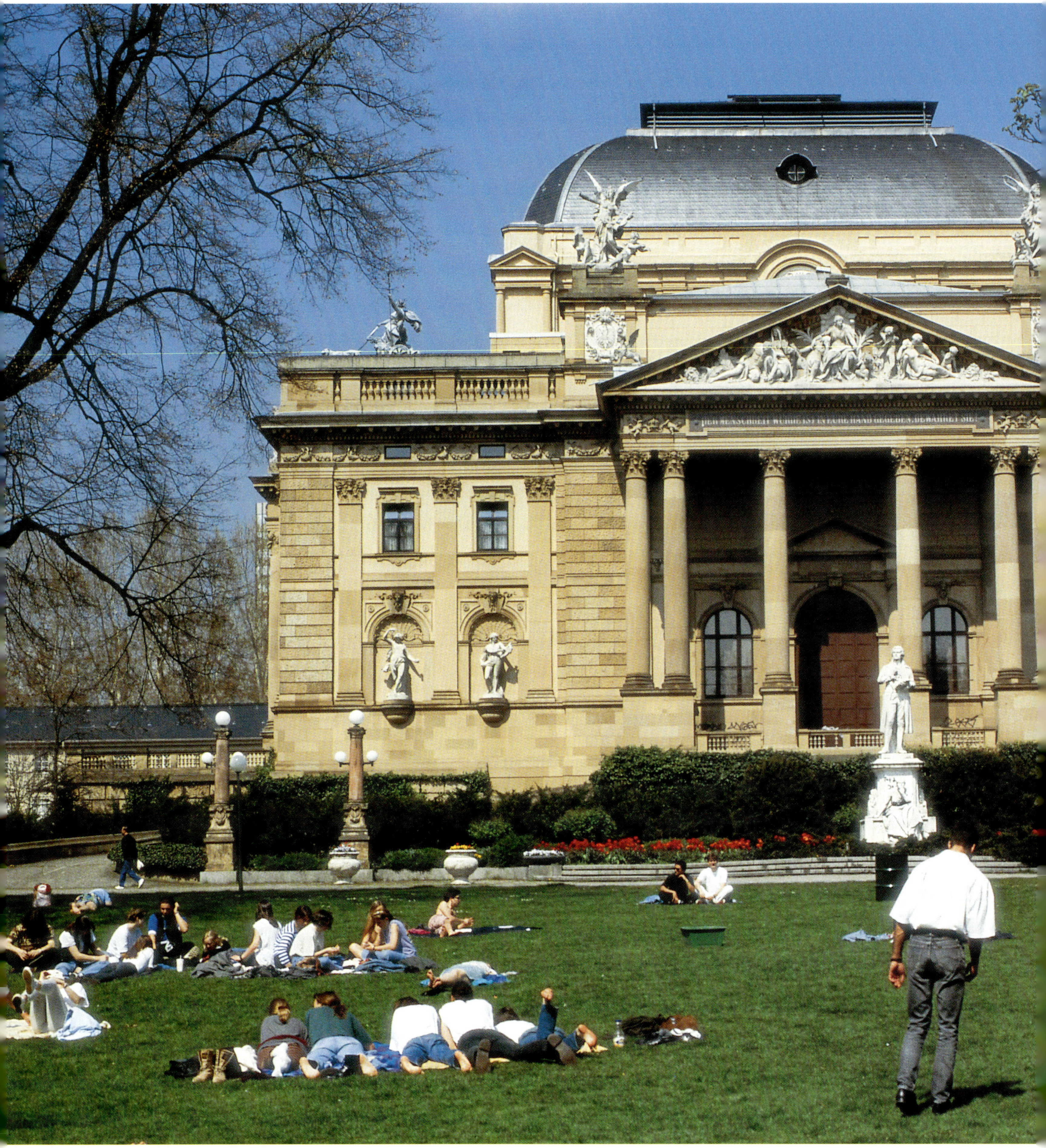

Backesfest und Cello-Festival

KULTUR IM TAUNUS

Buntes Treiben vor dem Kurhaus in Bad Homburg.

Die Mischung macht's, zumindest was den Charme des kulturellen Angebots im Taunus betrifft. Zahlreiche traditionelle Altstadt-, Hecken-, Wein-, Burg- oder Backesfeste findet man ebenso wie jene Konzerte und Ausstellungen, die sich das besondere Ambiente ehemaliger Klöster, barocker Schlosssäle oder alter Burghöfe zu Nutzen machen.

Ähnlich wie die Veranstalter des weit über Hessen hinaus bekannten Rheingau-Musikfestivals setzt auch die Kurstadt Bad Homburg auf diesen genius loci, wie die Skulpturenausstellung «Blickachsen» zeigt, die alle zwei Jahre den Kurpark in ein imposantes Freilichtmuseum für moderne Plastik verwandelt, oder die wechselnden Ausstellungen moderner internationaler Kunst im barocken Sinclair-Haus der Herbert Quandt-Stiftung.

Unter den Musikliebhabern hat sich neben dem Rheingau-Festival der Taunus durch das Cello-Festival der Kronberg Academy und die Orgelkonzertreihe Fugato in Bad Homburg einen Namen gemacht. Entstanden aus der 1993 gegründeten Internationalen Kammermusik-Akademie Kronberg hat sich die Akademie der Förderung hochbegabter junger Musiker verpflichtet. Mit Hilfe großer Musikerpersönlichkeiten wie Yehudin Menuhin oder Mstislav Rostropovich ist eine Vielfalt von Meisterkursen, Festivals, Austausch- und Förderprogrammen entstanden.

Die Zahl international renommierter Cellisten, die besonders begabten jungen Musikern die Chance eröffnen, Werke zu erarbeiten und in Konzerten zu präsentieren, lässt Kronberg hoffen, zur «Cello-Welthauptstadt» zu werden. Mit Fugato präsentiert Bad Homburg die Klangfülle seiner historischen Kirchenorgeln, beispielsweise der Sauerorgel in der Erlöserkirche oder der Bürgy-Orgel in der Schlosskirche.

In Königstein wiederum hat sich die Kammermusikreihe im Luxemburgischen Schloss zu einer Enklave für ungewöhnliche Programme und Künstlerauftritte entwickelt. Gleiches gilt für das Renaissanceschloss Weilburg, das ein fast südländisches Ambiente für die sommerlichen Schlosskonzerte bietet.

Die Kronberger Malerkolonie

Ein Kleinod der bildenden Kunst sind die Werke der Kronberger Malerkolonie, die den deutschen Künstlerkolonien des 19. Jahrhunderts wie Worpswede oder Willingshausen gleichzustellen sind. Die beiden Frankfurter Künstler Jakob Füchtegott Dielmann und Anton Burger gelten als Begründer der «Kronberger Malerkolonie». Viele der wesentlichen Werke der Frankfurter Malerei sind von 1860 an im Taunus entstanden. Zu den beiden Künstlern gesellten sich unter anderem Philipp Rumpf, Jacob Maurer, Adolph Schreyer, Heinrich Winter, Wilhelm Friedenberg, Richard Fresenius, Peter Burnitz, Otto Scholderer, Louis Eysen, Karl Schäffer, Nelson Kinsley, Norbert Schrödl, Ferdinand Brütt, Hans Thomas, Heinrich Heimes und Fritz Wucherer.

Von 1880 an wurde die Zusammensetzung bunter. Zu den Mainstädtern stießen Rheinländer, Süd- und Mitteldeutsche, Österreicher, Engländer und ein Italiener. Auch Kaiserin Friedrich, Tochter Königin Viktorias von England, zählte sich als Laienmalerin zu dieser Künstlergruppe. Die Kronberger Malerkolonie schafft Verbindungen zur französischen Malerei, nach Paris, zur Barbizon-Schule im Wald von Fontainebleau und zum Impressionismus. Das Erbe der Malerkolonie wird seit 1979 von der Museumsgesellschaft Kronberg systematisch dokumentiert und durch Ausstellungen und Vorträge erschlossen. In der einstigen Receptur gibt es eine vielbesuchte Malschule. In Oberursel erinnert eine Gedächtnisstätte an den Maler und Grafiker Hans Thoma, der nach einigen Frankfurter Jahren zunächst in Oberursel und dann in Kronberg in enger Verbindung mit anderen Künstlern lebte.

Kronberg ist kulturbeflissen und zeigt nicht nur Straßentheater.

Hölderlin und Bad Homburg

Das Freilichtmuseum Hessenpark bietet seit 1999 mit der Dauerausstellung «Gemaltes Hessen – Kunst der Heimat» einen Rundgang durch mehr als 200 Jahre zeitgenössischer Malerei, deren Gegenstand das Landleben von einst ist. «Hessens Land und Leute in der Malerei» sind nirgends besser zu studieren als in dieser Ausstellung, die ihren Platz in einem Fachwerkhaus gefunden hat.

Mit der Vergabe des Hölderlin-Preises erinnert die Stadt Bad Homburg seit 1983 an den Aufenthalt des Dichters in der damaligen Landgrafenresidenz 1798 und 1804. Hölderlins erste Homburger Zeit stand ganz unter der erzwungenen Trennung von Susette Gontard, seiner «Diotima».

Von Homburg aus gelang es ihm, zu der verheirateten Frankfurter Bankiersfrau, in deren Haus er zuvor als Hauslehrer angestellt gewesen war, in Verbindung zu bleiben. Es waren jeweils flüchtige Begegnungen der Liebenden in Frankfurt oder im Landhaus der Bankiersfamilie.

Während dieser Zeit entstanden der zweite Teil des «Hyperion» und das Trauerspiel «Der Tod des Empedokles». In jenen Monaten durchdachte und formulierte der Dichter auch, was er unter Dichtkunst verstand. Für die Literaturwissenschaft sind diese Homburger Jahre insofern eine sehr fruchtbare Zeit.

An Hölderlins Freund und Helfer Isaak Sinclair erinnert in Bad Homburg das Sinclair-Haus gegenüber der Erlöserkirche. Das vom Abriss bedrohte Gebäude war im Jahre 1978 von der Altana AG erworben und in der Schönheit seiner ursprünglichen Barock-Form restauriert worden.

Baukunst: Das Hundertwasser-Haus in Bad Soden und das Sinclair-Haus in Bad Homburg.

Der Hölderlin-Preis wurde innerhalb nur weniger Jahre durch die kluge Auswahl der Preisträger wie Sarah Kirsch, Peter Härtling, Karl Krolow, Reiner Kunze und Deutschlands bekanntestem Literaturkritiker Marcel Reich-Ranicki zu einem der bedeutendsten Literaturpreise der Bundesrepublik.

**BLAUES HAUS AM FUSSE DES KAPELLENBERGS –
AUF DEN SPUREN DER HOFHEIMER MALERINNEN
HANNA BEKKER VOM RATH UND OTTILIE W. ROEDERSTEIN**

Die Spaziergänger verweilen auf ihrem Weg zum Meisterturm oft vor dem Gebäude am Fuße des Kapellenbergs. Selbst zwischen den schicken Häusern im Hofheimer Villenviertel sticht das Backsteingebäude aus der Jahrhundertwende mit blauem Fachwerk und gelbem Anstrich in seinen Expressionistenfarben hervor. Das «Blaue Haus» ist zwar längst nicht mehr das Zuhause von Künstlerinnen, sondern steht für einen mehrstelligen Millionenbetrag zum Kauf, aber es zeugt mit seinem individuellen Charakter noch immer von jenen Malerinnen, die sich zu einer Zeit in dem Taunusstädtchen ansiedelten, als die Darstellende Kunst noch eine reine Männersache war.

Ottilie W. Roederstein fand als erste den Weg nach Hofheim. Die in der Schweiz geborene Malerin ließ sich 1909 gemeinsam mit ihrer Lebensgefährtin Dr. Elisabeth Winterhalter – eine der ersten Ärztinnen Deutschlands – in einem Haus am Kapellenberg nieder.

Das Wirken der Malerin blieb nicht ohne Eindruck auf die Generation der jungen Malerinnen. Hanna vom Rath, Tochter aus gutem Frankfurter Hause, ertrotzte sich vom Vater, einem Vorstandsmitglied der Farbwerke Hoechst, bei Roederstein in Hofheim Privatstunden zu nehmen. Sie ist etwa 20 Jahre alt, als sie um 1914 das erste Mal das Atelier der Künstlerin betritt. Nach der Heirat mit dem Musikwissenschaftler Paul Bekker kauft das Paar 1920 ein Haus an der Kapellenstraße, das dann im Jahre 1924 zu besagtem «Blauen Haus» umgebaut wird.

Bekker vom Rath versteht sich als Botschafterin der Musen, Mäzenatin, Sammlerin und Galeristin. 1947 eröffnet sie in Frankfurt ihr Kunstkabinett mit einer Ausstellung der Malerin Käthe Kollwitz. Sie besitzt eine bedeutende Kunstsammlung, zu der Werke von Nolde, Kokoschka und Ev Krüger zählen. Das Blaue Haus bleibt bis zu ihrem Tod im Jahre 1983 stets ihr Refugium und ein Künstlerdomizil.

WIEGE DES DEUTSCHEN GOLFSPORTS AM TAUNUSRAND

Deutschlands bestes Haus: Das Schlosshotel in Kronberg mit Golfplatz.

Exklusive Clubs und Angebote für jedermann

Die englischen Gentlemen, die in ihren Knickerbocker-Hosen mit Hilfe eines langen Hickory-Holzschlägers in den Wiesen und Äckern beharrlich auf einen kleinen weißen Guttapercha-Ball einzudreschen pflegten, wurden im Bad Homburg des späten 19. Jahrhunderts zunächst als eine weitere ungewöhnliche Ausprägung der ohnehin eigenwilligen Inselnatur abgetan. Als weltgewandte Kurstadt, die gekrönte Häupter von Siam bis Japan regelmäßig zu Gast hatte, stellten sich die Einheimischen schnell auf die jeweiligen Eigenarten ihrer Gäste ein.

Doch den wohlhabenden Insulanern aus besten Adelsfamilien waren die grünen Wiesen ohne fachmännisch gestutzte Fairways, entsprechende Putting-Greens samt Fahnen und Löchern schon bald nicht mehr gut genug. Am 3. Oktober 1899 wurde der *Homburger Golfclub* von 300 Mitgliedern gegründet, deren Namen sich wie ein Auszug aus einem imaginären internationalen Adelsregister seiner Zeit liest.

Allein unter den Ehrenmitgliedern des Homburger Clubs waren 15 gekrönte Häupter wie der englische König oder der Zar von Russland. Die Präsidentschaft übernahm der Herzog von Cambridge, und der Prinz of Wales wurde Ehrenvorsitzender für den ersten deutschen Golfplatz. Die Wiege des Golfsports in Deutschland stand auf einem kleinen Wiesenstück zwischen Kaiser-Friedrich-Promenade und Brunnenallee, den zuvor Generalmajor Duff und Oberst Gordon angelegt hatten.

Aus dem exklusiven Sport und Gesellschaftsvergnügen von einst hat sich heute längst ein Sport entwickelt, dem die Golfenthusiasten zu allen Preislagen und mit oder ohne Handicap-Vorlagen im gesamten Taunus an verschiedenen Orten frönen können.

Der Bad Homburger Golfclub dehnte sich einst mit seinen 18 Löchern bis Gonzenheim. Doch nach dem Zweiten Weltkrieg konnten nur mit großen Mühen noch neun Löcher im Kurpark hergestellt werden. Durch den Bau der Taunus-Therme fielen allerdings die beiden längsten Spielbahnen weg, weshalb in der Kurstadt Ausschau nach einem neuen geeigneten Areal Ausschau gehalten wurde.

Die neue Anlage des Homburger Golf Clubs erstreckt sich nun nordwestlich der Kurstadt im Ortsteil Dornholzhausen unterhalb der Saalburg. Die engen Bahnen schlängeln sich auf einer 45 Hektar großen Fläche, die einst zum Teil eine Mülldeponie war. Heute bietet der Platz für erfahrene Spieler, die montags mit Platzreife und montags bis

Es waren Engländer, die den exklusiven Sport nach Deutschland exportierten. Heute widmen sich dieser Freizeitbeschäftigung in Bad Homburg, Kronberg, bei Idstein oder Hofheim Menschen aller Herren Länder mit und ohne Handicap.

freitags auch als Greenfeespieler mit Minimum-Handicap 36 gerngesehene Gäste sind, einige Herausforderungen. Sofortige Mitgliedschaften sind allerdings nicht möglich – es besteht eine Warteliste.

Auch im *Golf- und Land-Club-Kronberg*, der sich im Park von Schloss Friedrichshof mit seinen zahlreichen aus aller Welt zusammengetragenen Gehölzen erstreckt, ist die Aufnahme mit einer Wartezeit verbunden.

Golfspieler mit Clubausweis und eingetragener Handicapvorgabe 36 dürfen dafür werktags gegen Greenfee auf der 18-Loch-Anlage spielen, auf der nicht nur sommergrüne Sumpfzypressen aus Florida, sondern auch japanische Kuchenbäume bewundert werden können.

Die wachsende Golfbegeisterung, noch angefacht durch die Erfolge des einzigen deutschen Weltklassegolfers Bernhard Langer, führte im Jahre 1977 zu einer weiteren Club-Gründung im Hochtaunuskreis: Der golfbegeisterte Unternehmer Rolf Susemihl wurde in der Gemeinde Weilrod an der Straße von Altweilnau nach Merzhausen bei seiner Suche nach einem geeigneten Gelände fündig. Nach beträchtlichen Schwierigkeiten, die Umlegungsverfahren und Bürgerinitiativen bereiteten, wurde 1978 der Golfplatz *Golfclub Taunus Weilrod* eröffnet.

Auch im *Golfclub Idstein-Wörsdorf* wird den Profis und Amateuren eine Spielmöglichkeit in ansprechender Landschaft geboten, allerdings müssen Spieler am Wochenende die Handicaps 28 (Herren) und 34 (Damen) besitzen. Mitgliedschaften sind auch dort möglich.

Im Sommer 1999 öffnete auch der erste Golfplatz im Main-Taunus-Kreis seine Fairways für den Spielbetrieb. Das Gehöft *Hof Hausen vor der Sonne* liegt seit Jahrhunderten idyllisch an der alten Kreisstraße von Hofheim nach Kelkheim und präsentiert sich nun als ein Ort, an dem Reitsport und Golfsport eine Symbiose finden.

Ein Hauch von der Golfertradition der Jahrhundertwende wird Gästen seit einiger Zeit auch wieder auf dem ehrwürdigen Platz im Bad Homburger Kurpark geboten. Direkt neben dem historischen Clubhaus im Kurpark können Touristen und Sportler gleichermaßen auf einer öffentlichen Sechs-Loch-Anlage mit einer Distanz von 1560 Metern ihre Schläger schwingen.

Für 25 bis 35 Mark je nach Saison und Wochentag wird damit der oftmals als elitär gescholtene Golfsport ausgerechnet dort ein Massenvergnügen, wo sich einst der König von England schon über besonders gelungene Abschläge freute.

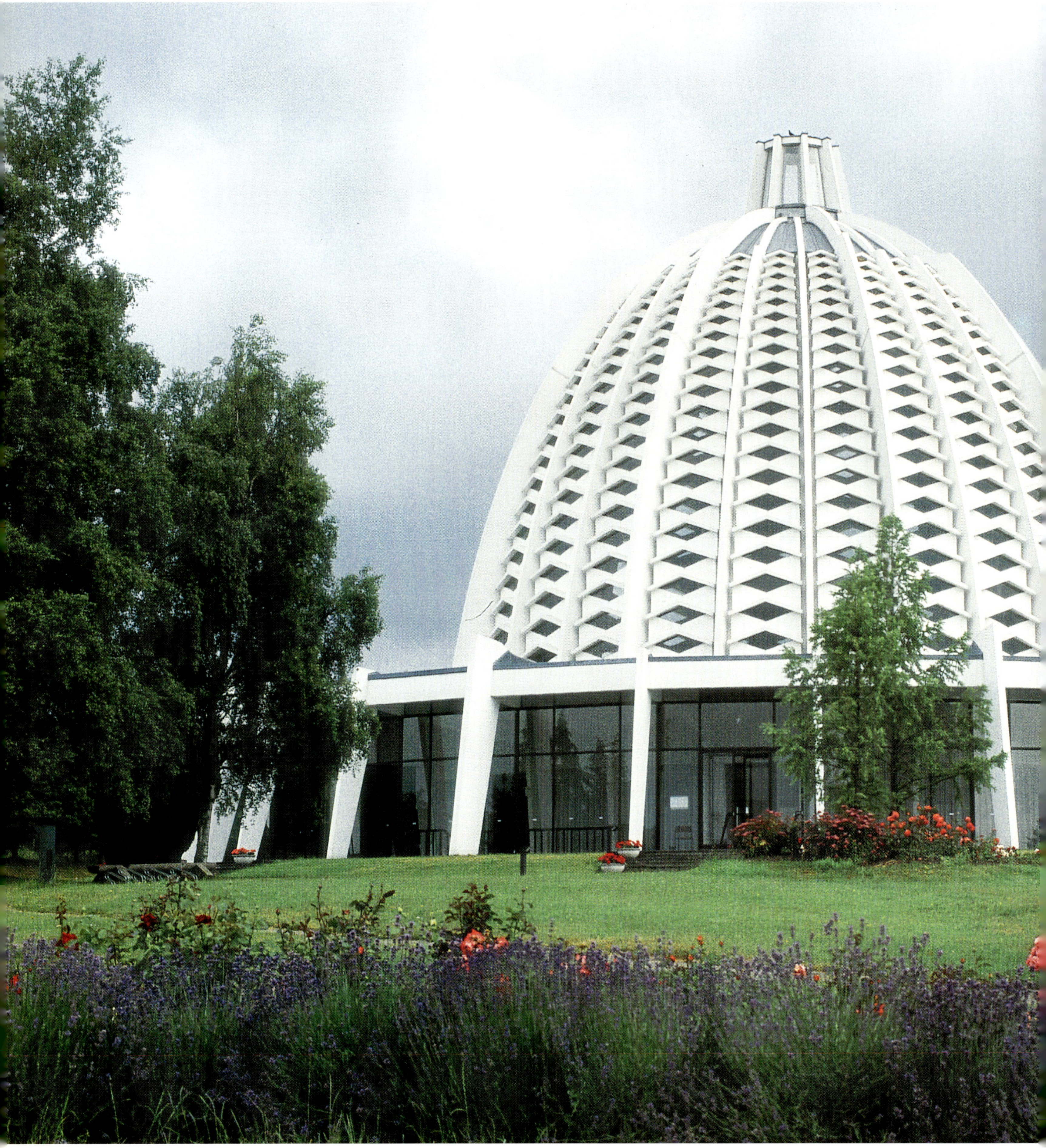

Friedliche Koexistenz der Religionen

Oberursels
St. Ursula-Kirche,
Wahrzeichen
der Stadt.

Aus der Fülle sakraler Baukunst im Taunus seien drei Gotteshäuser als Beispiele genannt: Die St. Ursula-Kirche in Oberursel, das Haus des Lichts Langenhain und der Mormonen-Tempel in Friedrichsdorf.

Erstmals erwähnt wurde eine Pfarrkirche «in monte Ursele» um 1300. Kunstgeschichtlich gehört die heutige St. Ursula-Kirche, die inmitten der Altstadt von Oberursel steht, in den Rahmen der mittelrheinischen Baukunst und der Frankfurter Schule: So galt der Frankfurter Dom als Vorbild für die Turmhaube. Der mächtige Westturm, der Inschriften aus den Jahren 1479, 1480 und 1481 aufweist, wurde zum Wahrzeichen der Stadt.

In Langenhain steht das Bahá'í-Haus der Andacht. Im Jahre 1964 wurde die fast 30 Meter hohe lichtdurchflutete Kuppel in ungewöhnlicher Stahlbetonskelettbauweise nach Entwürfen des damals jungen Frankfurter Architekten Teuto Rocholl gebaut; 26.000 Besucher sahen sich das Bauwerk, das seit 1991 zu den hessischen Kulturdenkmälern zählt, schon im ersten Jahr nach seiner Fertigstellung an. Der Sakralbau für die Glaubensanhänger des persischen Stifters Bahá'u'lláh (1817 – 1892) ist längst auch eine Touristenattraktion geworden. Der jährliche Höhepunkt ist das Sommerfest: In die Gärten rings um das Gebäude kommen jeweils mehr als 3000 Menschen, die bei Tanz, Spiel und Theater gemeinsam mit Glaubensanhängern und Langenhainer Vereinen feiern.

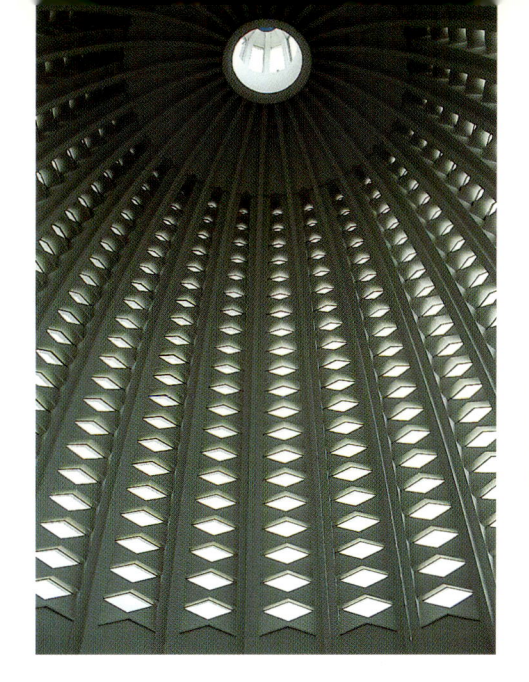

Die 30 Meter hohe Kuppel des Bahá'í-Hauses in Langenhain.

In der Friedrichsdorfer Innenstadt steht der Tempel der Kirche Jesu Christi der Heiligen der letzten Tage. Seit 1987 haben die Mormonen ihr Zentrum für Mitteleuropa auf dem Gelände einer ehemaligen Nudelfabrik eröffnet. Der Turm wird von einem Engel aus vergoldetem Glasfaserkunststoff gekrönt, im Inneren tragen zwölf Rinder aus weißem Alabaster das große Taufbecken auf ihrem Rücken. Zwei Gästehäuser sind hinzugekommen. Die renovierte Jugendstilvilla des Nudelfabrikanten dient obendrein als Domizil des amtierenden Tempelpräsidenten. 1992 entstanden dann das Gemeindehaus, aus dem ehemaligen Feuerwehrhaus wurde ein Service-Center.

Mitten in Friedrichsdorf steht der Tempel der Kirche Jesu Christi der Heiligen der letzten Tage, das Zentrum der Mormonen für Mitteleuropa.

BÜROHAUS
Frankfurter Strasse

debis
Services by DaimlerChrysler

Diebold

AEG Sh

*Die größten Steuer-
einnahmen und
die besten Erdbeeren*

IM TAUNUS FLORIEREN
HIGH TECH
UND MITTELSTAND

Mit der europäischen Bankenmetropole Frankfurt vor der Türe, der hessischen Landeshauptstadt Wiesbaden in der Mitte und dem Flughafen Rhein Main fast in Sichtweite liegt der Taunus wirtschaftlich sanft gebettet. An der Prosperität des Ballungsraums hat er erheblichen Anteil. Schenkt man den Statistikern Glauben, dann leben nur am Starnberger See bei München bundesweit mehr Millionäre als im Taunus. Aber nicht nur aus diesem Grund ist für die Kommunalpolitiker zwischen Friedrichsdorf und Idstein falsche Bescheidenheit fehl am Platze. Dank günstiger Verkehrsanbindungen, im Vergleich zu Frankfurt niedrigen Gewerbesteuern und hohem landschaftlichen Reiz – heute ein wichtiger Standortvorteil – hat sich der Taunus längst zum ernstzunehmenden Konkurrenten entwickelt, wenn es um Unternehmensansiedlungen geht.

Ein in die Höhe ragendes Symbol für die Chancen des Umlandes steht mahnend direkt vor Frankfurts Haustüre. Die Stadt Eschborn mauserte sich innerhalb einiger Jahrzehnte vom Dorf zum regionalen Wirtschaftsriesen. Aber auch die Kreisstadt Bad Homburg braucht sich beim Stadt-Land-Vergleich nicht zu verstecken. Unter den zwölf größten Städten im Lande Hessen rangiert sie bei der Gewerbesteuer auf Platz zwei direkt hinter Frankfurt, nimmt man Pro-Kopf-Werte als Basis. Auch beim «Shopping» steht der Taunus im Wettbewerb mit den Großstädten. Mit dem 1964 eröffneten Main-Taunus-Zentrum entstand bei Sulzbach eines der ersten Einkaufsparadiese in Deutschland auf der grünen Wiese.

Das neue Zauberwort heißt wie überall High Tech. Die kleine Stadt Friedrichsdorf, in der mittlerweile mehr als 30 solcher Firmen ihren Sitz haben, kann als Beispiel dafür herhalten, dass dieser Weg in die Zukunft manchmal nur mit Traditionsbruch zu bewerkstelligen ist. Bislang nannte sich die Hugenottenstadt «Stadt des Zwiebacks», ein Verweis auf die einst blühende Sparte dieses Backhandwerks und die Firma Milupa. Seit neustem setzen die Stadtväter mehr auf Philipp Reis, den Telefonerfinder, der in Friedrichsdorf seine bahnbrechende Erfindung machte: Als Werbeträger für die Kommune passt er besser ins Medienzeitalter als die Kunst, gute Kekse zu backen.

Reminiszenz an die Vergangenheit der «Zwiebackstadt» Friedrichsdorf, die heute wie viele andere Kommunen auf High Tech setzt.

Was der Zwieback für Friedrichsdorf, ist für Flörsheim die Fayence-Fabrik gewesen, für Lorsbach, Hofheim und Kriftel die holzverarbeitende Industrie, für Niedernhausen die Papierwollefabrik, immerhin älteste der Welt, für Bad Homburg die Hortex-Motorradproduktion und für Oberursel die KHD-Luftfahrttechnik.

Auch Hattersheims süßer Ruf als Schokoladen-Hochburg hat sich inzwischen verflüchtigt: In der Blütezeit waren 2000 Mitarbeiterin der Sarotti-AG beschäftigt, um 15.000 Tonnen der süßen Masse, 300 Tonnen Kakaopulver und 300 Tonnen Kakaobutter herzustellen. Immerhin, süße Früchte gibt es noch jedes Jahr in der Obstbaugemeinde Kriftel, und andere segensreiche Kulturen gedeihen in Hochheim und Wicker, die den östlichen Anfang des Weinanbaugebietes Rheingau markieren. Obst- und Weinanbau sind wichtige landwirtschaftliche Wirtschaftszweige geblieben, ebenso wie der Anbau von Getreide, Rüben und Raps. Gleichzeitig setzt im Taunus-Hinterland mancher Bauer auf die Pferde-

Erdbeerernte in Kriftel. Obstanbau hat im Main-Taunus-Kreis Tradition, ebenso wie der Pferdesport, der sich für viele Bauern zu einer attraktiven Einnahmequelle entwickelt hat.

haltung, denn der Großstädter liebt diesen Sport und zahlt gut für einen Stellplatz. Der Schwund der ländlichen Bevölkerung stellt auch die Hessische Landvolkshochschule vor große Probleme, die in Friedrichsdorf ihren Sitz hat.

Die beiden hessischen Staatsbäder Schlangenbad und Bad Schwalbach, aber auch Bad Soden und Bad Homburg kämpfen noch darum, dass es ihnen mit ihrem Kur-Status nicht ebenso ergeht wie Hattersheim mit seiner Schokolade oder Friedrichsdorf mit seinem Zwieback. Auch Kelkheim, die Möbelstadt des Taunus, will seine Handwerkstradition nicht ohne weiteres preisgeben. Allerdings ist die Konkurrenz groß: Das schwedische Möbelhaus Ikea steht nicht weit entfernt an der Autobahn nach Wiesbaden und die Möbel-Walther AG wird demnächst eine Filiale auf dem ehemaligen Militärcamp in Eschborn eröffnen.

Traditionen bewahren und dennoch die Zukunft meistern – unter diesem Motto steht vielerorts die kommunale Wirtschaftspolitik. Das gilt für die Kur-

Die Erdfunkstelle in Usingen fängt Signale von Nachrichtensatelliten ein und gibt sie an das Kabelnetz weiter.

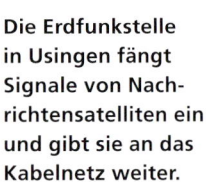

und Wellnessangebote, den Obst- und Weinanbau, den Tourismus, die Pflege der Städte als Einkaufsstandorte mit Flair und für die Ansiedlung neuer Firmen. An Namen renommierter Großunternehmen fehlt es nicht: Der Konzern Procter & Gamble hat seine Niederlassung im Taunus, die VDO Adolf Schindling AG, heute zum Mannesmann-Konzern gehörig, sitzt in Schwalbach. Mit Tetra Pak Rausing & Co. KG hat sich das größte Dienstleistungsunternehmen der Verpackungsbranche in Hochheim angesiedelt.

Die weltweit führende Unternehmensberatung für Management und Technologie, Andersen Consulting, wechselt demnächst von Sulzbach nach Kronberg und wird Nachbar der Braun AG. Oberursel, die einstige Arbeitsstadt, hat sich längst zum großen Dienstleistungs-Standort entwickelt.

Zahlreiche Versicherungen wie die Alte Leipziger, Reiseunternehmen wie Neckermann, der weltgrößte Hersteller von Sicherheitssoftware Utimaco, der größte deutsche Netzwerkintegrator, die Telemation AG, die Rolls Royce GmbH für Luftfahrttechnik, Skoda Deutschland, die Brass GmbH, das Europäische Forschungszentrum des japanischen Autobauers Mazda – sie alle residieren in der Brunnenstadt. Auch Bad Homburg redet im who is who der internationalen Wirtschaft mit: Altana AG, Fujitsu/Siemens, Fresenius, Lilly Deutschland, LuK, Saab, die Deutsche Leasing, Du Pont des Nemours Deutschland oder Hewlett Packard und die Lufthansa-Tochter Start Amadeus. Bibo TV steht für die Film- und Medienbranche, die vor allem in Wiesbaden ihren Sitz hat. In der Kur- und Kongressstadt haben außerdem zwei Bundesbehörden ihren Sitz. Friedrichsdorfs große Namen sind Milupa, die Kawasaki Motoren GmbH und die Rühl-Chemie, Aarbergens größter Arbeitgeber die Passavant Werke. In großen Ausbildungszentren schulen die Deutsche Bank und die Dresdner Bank ihrer Mitarbeiter in Kronberg und Königstein. Am Rande Usingens liegt die Erdfunkstelle, 1955 als Überseefunkstelle

Über den Telefonerfinder Philipp Reis informiert in Friedrichsdorf ein Museum. Es ist im ehemaligen Wohnhaus von Reis untergebracht.

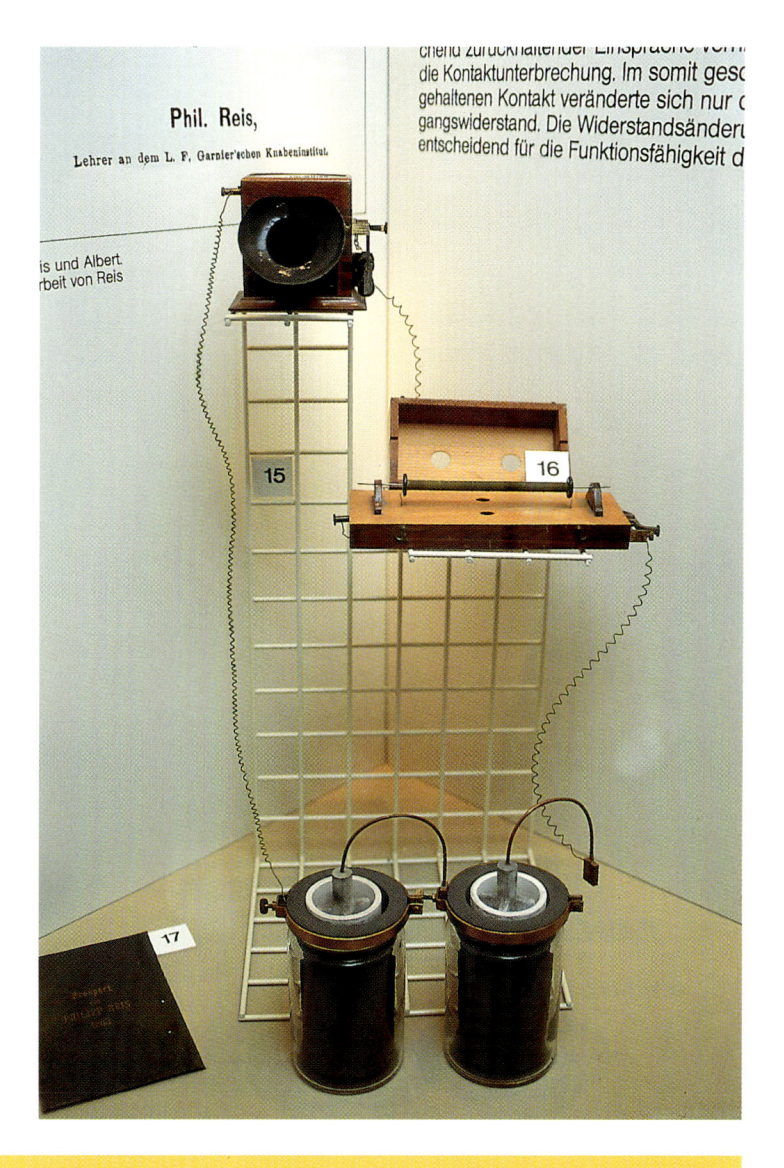

eingerichtet, die über Kurzwelle die Verbindung rund um die Erde zu den Schiffen auf den Weltmeeren hielt. Heute fangen die mächtigen Parabolantennen die Signale der Nachrichten-Satelliten TV-SAT und DFS-Kopernikus auf und geben sie an das Kabelnetz weiter.

Repräsentativ für die Wirtschaftsstruktur des Taunus sind solche Dienstleistungszentren wie Oberursel oder Bad Homburg indes nicht. In Usingen haben rund 85 Prozent aller Arbeitsstätten weniger als zehn Mitarbeiter, in Taunusstein sind es gar 90 Prozent. Der Mittelstand, das zeigen diese Zahlen, bildet in den meisten Kommunen noch immer die Basis, auf der sich ihr Wirtschaftsleben entfaltet.

FRIEDRICHSDORF IST STOLZ AUF «SEINEN» TELEFONERFINDER PHILIPP REIS

Philipp Reis ist für Friedrichsdorf Erinnerung und Verheißung zugleich. Die «Stadt des Zwiebacks» möchte nämlich zu einer Stadt moderner Kommunikationstechnik werden – wozu das Vermächtnis des Telefonerfinders Reis sehr gut passt.

Geboren in Gelnhausen, hat Reis von 1858 bis zu seinem Tod am 14. Januar 1874 mit seiner Familie in einem eigenen Haus an der Hugenottenstraße in Friedrichsdorf gelebt.

Seit 1952 ist das Gebäude, in dem der Lehrer seine bahnbrechende Erfindung machte und seine «Gehörwerkzeuge» eigenhändig in einer kleinen Werkstatt hinter dem Haus herstellte, eine Gedenkstätte.

Der Durchbruch soll dem Bastler und Tüftler, der Sprachen und Naturwissenschaften am Knabeninstitut Garnier unterrichtete, im Jahr 1861 gelungen sein.

Reis, der außer dem Telefon ein Dreirad erfunden hatte und sich mit der Fotografie und einer Wetteraufzeichnungsmaschine befasste, hat die Erfolgsgeschichte seiner Entdeckung nicht mehr erlebt. Er starb im frühen Alter von 40 Jahren an Lungentuberkulose, von der etablierten Wissenschaft verkannt und ignoriert.

Der Siegeszug des Telefons setzte erst mit der Weltausstellung 1876 in Philadelphia ein, auf der der amerikanische Taubstummenlehrer Graham Bell ein von ihm entwickeltes elektromagnetisches Modell vorstellte.

MEHR BESCHÄFTIGTE ALS EINWOHNER – BOOMTOWN ESCHBORN

*E*schborn im Taunus hat sich in den vergangenen Jahrzehnten zu einem der wichtigsten hessischen Zentren für Dienstleistungsunternehmen entwickelt: Keine zweite Kommune kann mehr Telekommunikationsbetriebe vorweisen, in keiner anderen Stadt ist das Verhältnis von Bürgern (knapp 20.000) zu Arbeitsplätzen (knapp 25.000) beeindruckender. Bei den Steuereinnahmen hält die Kleinstadt seit Jahren den hessischen Spitzenplatz: Eschborn zählte 1999 5391 Mark Steuereinnahmen pro Kopf – weit abgeschlagen folgt Stadtallendorf mit 3750 Mark. Frankfurt kommt in dieser Rangliste auf Platz Vier mit einem Pro-Kopf-Steuereinkommen von 3547 Mark.

Am Beispiel der Deutschen Bank, die 1998 in Eschborn bereits 25-jähriges Jubiläum feiern konnte, lässt sich der Aufstieg einer Stadt, die für den Betrachter auf den ersten Blick nichts Reizvolles zu bieten hat, am besten ablesen. Damals suchte das Geldinstitut für rund 105 Beschäftigten in Frankfurt ein Domizil und wurde in der Mainmetropole partout nicht fündig. In Eschborn dagegen nahm man die Banker mit offenen Armen auf und sorgt seitdem mit einem seit 20 Jahren unveränderten Steuerhebesatz von 300 Punkten auch dafür, dass Abwanderungstendenzen gar nicht erst aufkommen: Heute zählt die Deutsche Bank 21 Dependancen und 6000 Mitarbeiter in Eschborn und gehört zu einem der größten ansässigen Unternehmen.

Eschborn ist, was die Steuereinnahmen anbelangt, ein Schlaraffenland. Aber auch der Gemeinde Sulzbach geht es dank des Main-Taunus-Zentrums nicht schlecht.

EINKAUFEN WIE IN AMERIKA – MTZ IN SULZBACH WIRD DEUTSCHLANDS ERSTES SHOPPING-CENTER

Die Idee kommt aus dem Land der unbegrenzten Möglichkeiten und deshalb verwundert es nicht, dass es der Amerikaner Vincent Carisste und sein kanadischer Kompagnon Jerry Shefsky waren, die auf einer grünen Wiese von Sulzbach ein bis dato einzigartiges Projekt verwirklichten: eine Einkaufsstadt nach dem Vorbild der amerikanischen Malls.

Im Mai 1964 wurde das Main-Taunus-Zentrum, im Volksmund schnell nur noch «MTZ» genannt, mit seinen 80 Geschäften, Restaurants, Tankstelle, Waschstraße, Friseur, Reinigung, Apotheke, Postamt und Bank unter einem Dach eröffnet. Schon im März vor der Eröffnung waren 48 der geplanten 80 Läden vermietet.

Das MTZ auf einer Gesamtfläche von 260.000 Quadratmetern wandelte sein Gesicht mehrfach im Laufe der vergangenen Jahrzehnte: Zunächst wurde 1968 auf dem benachbarten Areal ein Autokino eröffnet.

Als sich der Verbrauchergeschmack änderte, entstand 1994 auf dem Areal das erste Multiplexkino der Region. Bei gleicher Grundstücksgröße wurde die Ladenstrecke des Main-Taunus-Zentrums nochmals auf 500 Meter verlängert und die Verkaufsfläche auf 85.000 Quadratmeter vergrößert. Mit dem Bau eines Parkdecks stehen den Besuchern nunmehr 5300 Stellplätze zur Verfügung. Mit Rad-, Fußwegen und mehr als 160 Busverbindungen ist die Einkaufsstadt infrastrukturell perfekt angeschlossen.

Die Kritiker, die dem MTZ vorwerfen, es ziehe Kaufkraft ab und trage damit zu einer Verödung der Innenstädte bei, haben seit der Eröffnung niemals geschwiegen. Jedoch haben die Investoren damals wohl nur als erste die Zeichen der Zeit erkannt: Es gibt in Deutschland mittlerweile etwa 240 Einkaufszentren mit einer Verkaufsfläche von insgesamt acht Millionen Quadratmetern.

DIE STÄDTE

(Bei den angegebenen Telefonnummern handelt es sich um die Nummern der Kur- oder Gemeindeverwaltungen, bei denen Öffnungszeiten etc. erfragt werden können)

Aarbergen

Aarbergen ist 1971 durch den Zusammenschluss von sechs selbständigen Gemeinden entstanden. Der Name beschreibt die Lage an der Aar. Größter Ortsteil ist Michelbach, ältester Kettenbach, das im Jahr 845 erstmals urkundlich erwähnt wurde. Graf Johann von Nassau-Idstein gründete am Ende des dreißigjährigen Krieges zwischen Michelbach und Kettenbach einen Eisenhütte, in der von 1665 an Ofen, Töpfe und Schmiedeeisen hergestellt wurden. Im 18. Jahrhundert übernahm die aus Wallonien stammende Familie Passavant diese Hütte. Die Passavantwerke sind heute größter Arbeitgeber im Ort. Gut markierte Wanderwege erschließen eine abwechslungsreiche Mittelgebirgslandschaft bis in die Tallagen der Aar und Lahn. Bekannt sind der traditionelle Kram- und Viehmarkt am letzten Dienstag im Oktober.
Telefon: 0 61 20/90 08 37

Bad Camberg

Bad Camberg – das älteste hessische Kneippbad – gehört zum Kreis Limburg-Weilburg. Eindrucksvoll ist der Obertorturm aus dem 14. Jahrhundert mit der Hohenfeldkapelle, die ihren Namen den Erbauern verdankt und heute als Museum dient. In direkter Nachbarschaft zum modernen Kurhaus schließt sich der historische Amthof an.

Der Marktplatz ist mit seiner Fachwerkkulisse beliebter Treffpunkt nicht nur der Kurgäste. Sehenswert sind die Kirche St. Peter und Paul sowie die Kreuzkapelle, das Wahrzeichen Bad Cambergs aus dem 17. Jahrhundert. (Telefon 0 64 34/2 02 17)

Bad Homburg vor der Höhe

Bad Homburg, die Hauptstadt des Hochtaunuskreises, ist in jeder Hinsicht eine Sonder-Status-Stadt. Im Laufe ihrer Geschichte hat sie sich zu einer kulturell und wirtschaftlich blühenden Kommune mit besonderem Flair entwickelt. Sie ist Kurort, Tagungszentrum, Einkaufsstadt, Unternehmensstandort und Wohnort im Grünen. Besondere Anziehungspunkte sind die im asiatischen Stil erbaute Taunus-Therme, die 1,3 Kilometer lange Einkaufsmeile Louisenstraße sowie das Spielcasino, die «Mutter von Monte Carlo». Ihren Heilquellen verdankt die Stadt die Entwicklung zum Kur- und Badeort. Das Kaiser-Wilhelms-Bad, Mitte des 19. Jahrhunderts erbaut, bietet eine Reihe von Kur-Angeboten.

Oberhalb der reizvollen Altstadt thront das Barockschloss mit dem weithin sichtbaren Weißen Turm aus dem 17. Jahrhundert und seinem historischen Schlosspark. In unmittelbarer Nähe steht die evangelische Erlöserkirche, die zu Beginn des 20. Jahrhunderts erbaut wurde. Das angrenzende Sinclair-Haus aus dem 18. Jahrhundert beherbergt die Herbert Quandt-Stiftung.

Im Kulturzentrum Englische Kirche finden regelmäßige Veranstaltungen mit Musik, Kabarett und Ausstellungen statt. Das Gotische Haus dient als Stadtmuseum, beherbergt Bad Homburgs Hutmuseum und das Archiv der Stadt. Außer zahlreichen Hotels gibt es in Bad Homburg auch das modernste Jugendgästehaus Hessens. (Telefon 0 61 72/17 80)

Bad Schwalbach

Bad Schwalbach, Kreisstadt des Rheingau-Taunus-Kreises, blickt auf eine mehr als 400 Jahre alte Tradition als Kurbad zurück. Restaurierte Fachwerkhäuser und klassizistische Bauwerke künden vom Wohlstand aus der Blütezeit der Kur. Gelegen im Naturpark Rhein-Taunus bietet die Kreisstadt ein dichtes Netz markierter Wanderwege, die es zu einem idealen Ausgangspunkt für Erkundungen in die Taunuswälder oder zu den Flusstälern von Rhein und Lahn macht.

Als das älteste erhaltene Bauwerk Bad Schwalbachs gilt die Martin-Luther-Kirche. Sie wurde in der zweiten Hälfte des 15. Jahrhunderts errichtet. Das Stadtmuseum im Rathaus informiert über die Entwicklung des Ortes, das Apotheker-Museum in der Nähe zeigt die historische Einrichtung einer Apotheke und gibt einen Einblick, wie früher die Rezepturen zubereitet wurden. Das Rothenburger Schlösschen, 1602 bis 1610 von den hessischen Landgrafen errichtet, wird heute als Amtsgericht genutzt. Touristen-Information: 0 61 24/5 02-430

Der Marktplatz in Bad Camberg.

Das Kurhaus in Bad Schwalbach.

Bad Soden

In der Kurstadt mit Tradition suchen Spaziergänger und Besucher noch immer Ruhe und Erholung in dem neu restaurierten Badehaus oder den Parks. Die traditionelle Kur indes ist in Zeiten der Gesundheitsreformen im Aussterben begriffen. Bad Soden setzt heute auf ausgeklügelte «Wellness»-Programme und zielt mit ambulanter Behandlung und modernen Heilmethoden auf gestresste Geschäftsleute aus der benachbarten Bankenmetropole Frankfurt. Die Sodenia hat als Wahrzeichen ohnehin längst Konkurrenz bekommen: Viele Touristen kommen, um ein Gebäude mit Türmen, Terrassen und begrünten Dächern nach Plänen des Malers Friedensreich Hundertwasser zu sehen.
(Telefon 0 61 96/20 80)

Eppstein

Einst gehörte den Herren von Eppstein noch viel mehr Land, als ihr Auge von der Trutzburg auf der Anhöhe aus erfassen konnte. Bis ins 16. Jahrhundert bestimmte die Adelsfamilie auf der Burg die Geschicke der Region – längst ist das edle Geschlecht ausgestorben. Heute leben rund 12.500 Einwohner auf die fünf Stadtteile Eppstein, Bremthal, Ehlhalten, Niederjosbach und Vockenhausen verstreut – und diese haben ihre Eigenheiten bewahrt.

So zählt Eppstein auch nach der Gebietsreform noch zwei Rathäuser, drei Verwaltungsstellen und fünf Feuerwehren. Überragend und würdevoll thront aber immer noch die Ruine, erstmals 1122 erwähnt, über alledem. Im Sommer sorgen die Burgschauspieler mit ihren Volksschwänken unter freiem Himmel dann dafür, dass aus den fünf Stadtteilen eine Einheit wird. Diese jährlichen Festspiele im Sommer sind immer ein Spektakel für jung und alt.
(Telefon 0 61 98/30 50)

Eschborn

Die Esche, das Wahrzeichen der Stadt, ist noch heute am Westerbach nahe der evangelischen Kirche zu bestaunen. Aus dem keltischen Wort «Aschenbrunne» – Brunnen an der Esche – soll sich der Name der Stadt Eschborn entwickelt haben, die in den vergangenen vierzig Jahren einen rasanten wirtschaftlichen Aufstieg erlebt hat: Seit den fünfziger Jahren ist das Stellenangebot von 150 auf 25.000 Arbeitsplätze, zumeist in Dienstleistungsbetrieben, hochgeschnellt – keine zweite Stadt im Main-Taunus-Kreis bietet mehr Arbeitsplätze. Mit dem Hauptsitz der Deutschen Telekom und der Ansiedlung zahlreicher privater Anbieter ist Eschborn zudem Hauptstadt der Telekommunikation. (Telefon 0 61 96/49 00)

Flörsheim

Die Flörsheimer Fayencen mit den 3 «F» haben ihre Berühmtheit als Markenzeichen erlangt – längst wird die Abkürzung im Stadtwappen mit «Flörsheim feiert Feste» übersetzt. Besonders die Bürger im fröhlichen Weindorf Wicker – dem Tor zum Rheingau – sind ein ganz besonderer Menschenschlag: Wie der Mainzer liebt auch der Flörsheimer Weck,

Brunnen in Flörsheim.

Grävenwiesbach.

Worscht und Woi; die jährliche Fastnachtskampagne zählt zu den hohen Feiertagen in der Stadt. Die katholisch geprägte Kommune mit den Stadtteilen Wicker, Weilbach und Bad Weilbach ist aber auch besonders traditionsbewusst: So wird alljährlich zum Gedenken an ein Gelöbnis von 1666 der «Verlobte Tag» begangen. Mit einer Prozession zum 1712 errichteten Pestkreuz wird dann am letzten Montag im August an die Errettung vor der Seuche erinnert. (Telefon 0 61 45/95 50)

Friedrichsdorf

Friedrichsdorf wurde durch Landgraf Friedrich II. von Hessen-Homburg gegründet, der im 17. Jahrhundert Hugenotten aus Frankreich unweit seiner kleinen Residenz in Homburg ansiedelte. Schon im 8. Jahrhundert wurde Seulberg erstmals erwähnt, das heute ebenso wie die Ortsteile Köppern, Dillingen und Burgholzhausen zu Friedrichsdorf gehört. In der Stadt, in der Philipp Reis das Telefon erfand, leben inzwischen 25.000 Einwohner. In seinem einstigen Anwesen ist das Philipp-Reis-Museum und das Heimatmuseum untergebracht. Auch als «Stadt des Zwiebacks» ist Friedrichsdorf bekannt. Aus einer kleinen Fabrik ist die Firma Milupa entstanden, die hier ihren Standort hat.
(Telefon 0 61 72/73 12 63)

Glashütten

Glashütten verdankt seinen Namen dem hier in früheren Jahrhunderten ansässigen Handwerk der Glasmacher. Die Kommune liegt westlich des Großen Feldbergs auf etwa 500 Metern Höhe. Mit den Gemeinden Schloßborn und Oberems leben in Glashütten insgesamt 5300 Einwohner. Sehenswert sind unter anderem die nahen Grenzanlagen des Limes und die Reste der früheren Befestigungsanlage in Schloßborn. (Telefon 0 61 74/29 20)

Grävenwiesbach

Grävenwiesbach zählt mit den Ortsteilen Hundstadt, Heinzenberg, Laubach, Mönstadt und Naunstadt zusammen fast 5000 Einwohner. Sehenswert ist die kleine Barockkirche sowie eine Reihe restaurierter Fachwerkhäuser in der Kernstadt. Inmitten einer milden Hügellandschaft mit Wiesen und Wald liegt der Ort abseits der trubeligen Städte des Rhein-Main-Gebiets, ist aber durch eine direkte Bahnverbindung gut zu erreichen. Ein Jugendgästehaus liegt schön gelegen im Wald.
(Telefon 0 60 86/9 61 10)

Die Burggrabenzeile in Hofheim.

Hattersheim

Die «Rotfabriker» aus dem benachbarten Höchst waren meist in Hattersheim zu Hause. Das 24.000 Einwohner zählende Arbeiterstädtchen – erst 1970 gab es die Stadtrechte – ist stolz auf diesen Ruf: Kaum eine zweite Taunuskommune gibt mehr Geld für Kindergärten und soziale Zwecke aus. Aber auch die Kultur kommt in Hattersheim nicht zu kurz. Dafür sorgt der Alte Posthof. Bis 1863 war das Fachwerkgemäuer eine Pferdewechselstelle und ein Warenumschlagplatz der Thurn- und Taxisschen Post. Im 18. Jahrhundert passierten alljährlich etwa 72.000 Pferde und unzählige Reisenden die Poststation an der früheren Chaussee zwischen Frankfurt und Mainz. Heute ist der Alte Posthof jeden Sonntagmorgen Treffpunkt für die Freunde der Jazzmusik.
(Telefon 0 61 90/97 00)

Heidenrod

Heidenrod liegt an der Bäderstraße, die von Wiesbaden bis Bad Ems führt. Mit 96 Quadratkilometern ist sie die flächengrößte und waldreichste Gemeinde im Rheingau-Taunus-Kreis. Die rund 9000 Einwohner leben in insgesamt 19 Ortsteilen. In der «Kemeler Heide» sind vorgeschichtliche Hügelgräber und Reste des römischen Limes zu finden. Wanderrouten führen durch die beeindruckende felsige Naurother Schweiz und zu den Burgruinen Haneck und Geroldstein. Tourist-Information: 0 61 20/7 90.

Hochheim

Der Fund eines frühkeltischen Bronzespiegels weist darauf hin, dass schon vor unserer Zeitrechnung Menschen in Hochheim angesiedelt waren. Die Stadt auf der Anhöhe, die schon von Ferne mit ihrer barocken Kirche St. Peter und Paul die Aufmerksamkeit anzieht, blickt auf eine lange Tradition zurück, bei der die Königin der Reben, der Riesling, von Alters her eine besondere Rolle gespielt hat. Sogar für die englische Königin Victoria zählten die Hochheimer Winzer zu Hoflieferanten. In der malerischen Altstadt mit den schiefen Fachwerkhäuschen und gemütlichen Straußenwirtschaften lässt noch heute sich manch edler Tropfen besonders gut genießen. Auf dem Marktplatz thront die Hochheimer Madonna, eine der schönsten Rokoko-Plastiken ihrer Art im gesamten Rhein-Main-Gebiet. (Telefon 0 61 46/90 00)

Hofheim

Die «Kreisstadt im Grünen» trägt ihren Namen zurecht. Mit einer 2286 Hektar großen Fläche besitzt Hofheim den größten Waldanteil im Main-Taunus-Kreis. Sechs Ortsteile gruppieren sich um die historische Altstadt mit altem Fachwerk und idyllischen Gassen. So steht am Rande Langenhains Europas einzigartiger Bahá'i-Tempel; in Diedenbergen ist die 200 Jahre alte Bürgy-Orgel zu bewundern; als Wahrzeichen von Marxheim gilt das «Haus vom Guten Hirten». Lorsbach lockt Besucher als Eingangstor zur «Nassauischen Schweiz». Das Kulturprogramm des Kreisstadtsommers, die Feste Wäldchestag und Weihnachtsmarkt ziehen Besucher aus dem gesamten Rhein-Main-Gebiet an. (Telefon 0 61 92/20 20)

Hohenstein

Hohenstein liegt unweit des Staatsbades Bad Schwalbach rechts und links des Aartals. Das Wahrzeichen der Gemeinde bildet die Silhouette der Burgruine Hohenstein, die um das Jahr 1160 von dem späteren Grafen von Katzenelnbogen errichtet und im dreißigjährigen Krieg zerstört wurde. Ortsteile sind Born, Breithardt, Hennethal, Holzhausen über Aar, Strinz-Margarethä und Streckenroth. In der Burgruine finden in den Sommermonaten Burgfestspiele und Musikveranstaltungen statt.
Tourist-Service: 0 61 20/2 90.

Hünstetten

Hünstetten leitet seinen Namen von vorgeschichtlichen Hünengräbern ab. Die Gemeinde mit zehn Ortsteilen und 9400 Einwohnern im Rheingau-Taunus-Kreis liegt an der «Hühnerstraße», einst eine wichtige Handelsstraße zwischen Mainz und Limburg, Wahrzeichen ist die Hühnerkirche, die ihren Namen einem Schreibfehler verdankt. Ursprünglich hieß die um 1525 erbaute Kapelle «Zum Honerberg». Lohnendes Ausflugsziel ist der Breuerbacher Erholungssee. Tourist-Information: 0626/9 95 50.

Idstein

Die ehemalige Residenz der Grafen von Nassau wird vom Hexenturm überragt, der im 14. Jahrhundert wirklich Schauplatz von Hexenprozessen war. Daneben prägt das über der Stadt gelegene Schloss mit seiner Schlosskapelle das Bild des Ortes. Die Altstadt Idsteins mit ihren liebevoll restaurierten Fachwerkhäusern und idyllischen Gassen lädt zum gemütlichen Bummeln ein und bietet die Kulisse für zahlreiche kulturelle Aktivitäten. Kunsthistorisch interessant ist die Unionskirche. Das Killinger-Haus am König-Adolph-Platz gilt als einer der imposantesten Fachwerkbauten und beherbergt heute ein Museum. Bekanntestes Fest ist das Jazz-Festival. (Telefon 0 61 26/7 82 15)

Idstein mit dem Hexenturm.

Kelkheim

Seit dem 19. Jahrhundert ist Kelkheim die Stadt der Möbel. In mehr als 170 kleinen Werkstätten waren damals fast 500 Möbeltischler tätig. Die Kelkheimer Schreiner behaupten sich noch heute als Spezialisten. Kapellenberg, Staufen, Rossert, Feldberg und Altkönig halten der Stadt den Rücken frei. Mit dem Rettershof – auf dem im Sommer das Rheingau-Festival gastiert –, dem Gimbacher Hof und dem Atzelberg ist Kelkheim auch ein beliebtes Ausflugziel.
(Telefon 0 61 95/80 30)

Königstein

Königstein nennt sich auch Kreisstadt, weil vor der Kommune der größte Verkehrskreisel des Hochtaunuskreises liegt. Der heilklimatische Kurort im südlichen Hochtaunus liegt zwischen 400 und 700 Metern hoch. Wer gut zu Fuß ist, kann die hoch über dem Ort gelegene Burgruine besuchen und auch die vielen Wanderwege um die Stadt oder durch die Wälder des Hochtaunus genießen. Die malerische Altstadt mit dem Kurhaus im schweizer Stil lädt ebenso zum Verweilen und Genießen ein wie ein Spaziergang ins nahe gelegene Woogtal, wo ein Freibad ist. Sehenswert ist das Alte Rathaus aus dem 13. Jahrhundert mit der «Schepp Trepp», das heute das Stadtmuseum beherbergt.
(Telefon 0 61 74/20 22 51)

Die Kirche des 1908/09 erbauten Franziskaner-Klosters von Kelkheim.

Kriftel

Die Verkaufsstände am Rande der Bundesstraße sind die beste Werbung für die Gemeinde Kriftel. Ob Spargel im Frühjahr, Erdbeeren im Frühsommer oder Äpfel im Herbst – die größte Obstbaugemeinde Hessens ist stolz auf ihre heimischen Produkte. Insbesondere die roten Früchte – die süßen und großen Erdbeeren – haben es zu einiger Berühmtheit weit über die Grenzen der Region hinaus gebracht.

Gerne schmücken die rund 10.000 Einwohner ihren Ort deshalb mit dem Beinamen «Obstgarten des Vordertaunus». Kriftel hat sich bei der Gebietsreform erfolgreich gegen die Eingemeindung gewehrt, auch wenn Ortsfremde heute ohne das Schild «Kriftel» nicht wissen würden, ob sie sich nicht vielleicht doch schon auf Hofheimer Grund und Boden befinden.
(Telefon 0 61 92/4 00 40)

Kronberg

Die am Südhang des Altkönigs (798 m) gelegene Stadt wird weithin von ihrer Burg überragt, die im Mittelalter als Stammsitz der Ritter von Kronberg erbaut wurde. In der historischen Altstadt mit ihren verwinkelten Gassen ist die Geschichte lebendig geblieben. Die Stadt gilt wegen ihrer reizvollen Lage als eine der beliebtesten Wohngegenden im Hochtaunuskreis. Sehenswert sind vor allem die Mitte des 15. Jahrhunderts erbaute Johanniskirche, die Burg und der Opel-Zoo. Kronberg pflegt die schönen Künste und seine Stadttradition in vielerlei Hinsicht. Einen Besuch wert ist das Kronberger Malermuseum.
(Telefon 06173/703220)

Liederbach

Die Gemeinde Liederbach ist ein modernes Konstrukt der Gebietsreform: 1971 wurden die beiden selbständigen Dörfer Niederhofheim und Oberliederbach zusammengelegt – doch der Name

Königstein von oben.

Liederbach ist auch schon in frühgeschichtlicher Zeit bekannt: So wurde der Ort «Leoderbach» urkundlich erstmals 791 nach Christus erwähnt. Der Gemeinde ist die Zusammenlegung in den vergangenen Jahren gut bekommen – es gibt eine sehenswerte Parkanlage und zahlreiche liebevoll renovierte Fachwerkhäuser. In eines dieser Baudenkmäler aus längst vergangener Zeit zieht es die Liebhaber heimischer Küche: Denn im Liederbacher Gemeindeteil Niederhofheim bietet das Gasthaus Rudolph Deftiges unter alten Holzbalken. Seit 1620 wird in dem Landgasthaus Besuchern auf der Durchreise die Spezialitäten der hessischen Küche serviert. (Telefon 0 69/30 09 80)

Limburg

Die Kreis- und Bischofsstadt Limburg an der Lahn bezaubert durch ihren nahezu unversehrt gebliebenen Altstadtkern. «Das Kleinod der Fachwerkarchitektur» verbindet modernes Leben und mittelalterliches Flair. Das Areal zwischen dem Dom als Wahrzeichen der Stadt, der Grabenstraße und der 600 Jahre alten Lahnbrücke steht heute als Gesamtanlage unter Denkmalschutz. Die Fachwerkhäuser Limburgs mit ihren reichen Verzierungen stammen aus dem 13. bis 18. Jahrhundert. Der Besucher findet Burgmannenhöfe, Stiftherrenhäuser, die Bauten einst wohlhabender Patrizier und die für die Gegend typischen Hallenhäuser, deren große Einfahrten vom einst blühenden Handel zeugen. Bekanntestes Bauwerk ist der weithin sichtbare Dom St. Georg. Er geht auf ein von Graf Konrad um 909 gegründet Stift zurück, um das herum sich die Siedlung entwickelte. Das Gotteshaus trägt insgesamt sieben Türme und ist im Stil der späten rheinischen Romantik erbaut. Neben dem Kircheninneren ist der Domschatz im Diözesanmuseum sehenswert. Zu sehen sind sakrale Kunstwerke von hohem historischem Wert, beispielsweise ein Kreuzreliquiar, das 1204 Kreuzfahrern aus Konstantinopel mitgebracht haben. Zum Rundgang durch die Stadt gehören der Besuch des Kornmarktes, der Gang durch die Barfüßergasse und über den Fischmarkt auf die Schlossburg. Telefon 0 64 31/61 66.

Neu-Anspach

Neu-Anspach ist die Wachstumsgemeinde im Hochtaunus schlechthin. Nördlich des Taunuskamms gelegen, ist sie durch den Zusammenschluss einzelner Orte (Anspach, Hausen-Arnsbach, Rod am Berg und Westerfeld) mit der Gebietsreform entstanden. Sie hat ihre Größe in den vergangenen Jahrzehnten nahezu verdoppelt und zählt inzwischen gut 13.000 Einwohner. Zahlreiche Neubau-Projekte prägen das Bild Neu-Anspachs. Publikumsliebling ist das Freilichtmuseum Hessenpark. (Telefon 0 60 81/1 02 50)

Niedernhausen

Niedernhausen liegt direkt an der Autobahn 3, die hier in einer großen Brücke das Theistal überspannt. Die Kommune besteht aus sechs Ortsteilen und hat rund 16.000 Einwohner. Die Gründung der einzelnen Orte geht bis in das 12. Jahrhundert zurück. Das Rhein-Main-Theater Niedernhausen bietet Konzerte und Musicals. Tourist-Info: 0 61 27/90 31 24

Oberursel

Oberursel, die «Arbeiterstadt» des Taunus, liegt am Südostrand des Taunus und blickt auf eine mehr als 1200-jährige Geschichte zurück. Einige Zeugen der wechselvollen Geschichte sind noch zu sehen, wie die Reste der Stadtmauer aus dem 15. Jahrhundert, die Altstadt mit einer Reihe restaurierter Fachwerkhäuser und dem Historischen Rathaus.

Sehenswert sind die aus dem 14./15. Jahrhundert stammende St.-Ursula-Kirche, die barocke Hospitalkirche aus dem 18. Jahrhundert und eine Reihe von Brunnen aus verschiedenen Epochen. Das Vortaunusmuseum informiert über die Geschichte der Region. Oberursel hat sich zu einem Dienstleistungszentrum entwickelt und zahlreiche High-Tech-Firmen angesiedelt. Durch die Nähe zum Feldberg (882 m) eignet sich die Stadt gut als Ausgangspunkt für Wanderungen durch den Taunus. Aber auch vielfältige Einkaufsmöglichkeiten und Kulturveranstaltungen tragen zur Atmosphäre bei. (Telefon 0 61 71/50 20)

Schlangenbad

Das Staatsbad Schlangenbad zählt 7200 Einwohner in sechs Ortsteilen. Ältester Ortsteil ist Bärstadt, das im Jahr 1194 in einer Urkunde erwähnt wird. Hausen vor der Höhe, an der südlichen Gemarkungsgrenze gele-

Limburg mit der Lahn und dem Dom in Hintergrund.

gen, führt entlang des «Rheingauer Gebücks», einer natürlichen Befestigungsanlage, die um das Jahr 1300 zum Schutz des kurmainzischen Rheingaus aus Hainbuchenstreifen angelegt wurde: Die Äste wurden «gebückt», miteinander verbunden und mit dornigen Sträuchern bepflanzt, wodurch ein undurchdringliches Dickicht entstand. Schlangenbads Thermal-Freischwimmbad liegt auf halber Höhe idyllisch am Berghang. Tourist-Information: 06129/5 80 90

Schmitten

Der Luftkurort Schmitten liegt in waldreicher Umgebung im westlichen Hochtaunus und bietet mit seiner höchsten Erhebung, dem Feldberg, viele reizvolle Freizeitmöglichkeiten. Wanderungen ins nahe Weiltal lassen Ferienstimmung aufkommen. Sehenswert ist die mittelalterliche Burgruine Oberreifenberg. In allen Teilen der Gemeinde zeugen liebevoll restaurierte historische Häuser und Mühlen von der Vergangenheit. (Telefon 0 60 84/4 60)

Schwalbach

Im frühen Mittelalter noch war die Stadt Schwalbach ein winziger Weiler mit drei oder vier fränkischen Bauernhöfen. Mit dem Beginn des 19. Jahrhunderts wurde aus dem Dorf ein Mittelzentrum zwischen Taunus und Frankfurt mit heute knapp 15.000 Einwohnern.

1962 entstand die Limes-Trabantenstadt, die einen modernistischen Gegensatz zum immer noch dörflich strukturierten Kern der Altstadt bildet und als ein Beispiel der Architektur der Nachkriegsjahre gilt. Zu den schönsten Häusern Schwalbachs zählt aber das Historische Rathaus – es stammt aus der Zeit des Spätbarocks.
(Telefon 0 61 96/80 40)

Steinbach

Steinbach ist zwar 1200 Jahre alt, hat aber sein heutiges Aussehen in den sechziger Jahren bekommen, als in Frankfurt die Wohnungsnot groß war und deshalb in dem kleinen Bauerndorf Hochhäuser und Wohnblocks gebaut wurden.

Heute leben in der Gemeinde am südwestlichen Rand des Hochtaunuskreises 10.400 Einwohner. Sehenswert ist die St. Georgs-Kapelle aus dem 16. Jahrhundert. Im Heimatmuseum lässt sich die Geschichte des Ortes bis zur Gegenwart anschaulich verfolgen.
(Telefon 0 61 71/7 00 00)

Sulzbach

Größere Städte blicken oftmals neidisch nach Sulzbach, kann doch die Gemeinde vorweisen, was in den meisten Kommunen Mangelware ist: Seit Sulzbach 1952 das erste Gewerbegebiet erschloss, fließen die Steuereinnahmen beständig. Dazu tragen die Einkaufsmeile Main-Taunus-Zentrum und das Kinopolis, die erste große Filmwelt im Rhein-Main-Gebiet, im besonderen Maße bei. Im Jahre 1035 wurde das Dorf Sulzbach erstmals erwähnt.

Käsbächer werden die Einheimischen manchmal neckend genannt, weil der begehrte Sulzbacher Handkäs' bis weit in die erste Hälfte dieses Jahrhunderts hinein auf heimischen Bauernhöfen hergestellt und den Märkten der Region verkauft wurde. An diese Tradition erinnert heute noch die Figur der «Käsfraa». (Telefon 0 61 96/7 02 10)

Taunusstein

Das Geburtsdatum von Taunusstein ist wie für so viele hessische Gemeinden das Jahr der Gebietsreform 1971. Seitdem bilden Bleidenstadt, Hahn, Hambach, Neuhof, Niederlibbach, Orlen, Seitzenhahn, Watzhahn, Wehen und Wingsbach diese Kommune, deren Gemarkung zur Hälfte mit Wald bedeckt ist.

Die einzelnen Orte haben eine zum Teil weit ins Mittelalter reichende Geschichte, wie das Benediktinerkloster in Bleidenstadt zeigt, das 812 erstmals erwähnt wurde. In der Nähe von Orlen wurde um das Jahr 90 nach Christus das römische Kastell Zugmantel errichtet. Ein Teil des Limes mit Wachturm und Palisadenzaun wurde rekonstruiert. Vom Parkplatz «Römerturm» führt ein archäologischer Rundwanderweg entlang der antiken Grenze.
Tourist-Information:
0 61 28/2 41-118.

Usingen

Usingen war bis 1972 Kreisstadt. Die Kommune liegt hinter dem Taunuskamm inmitten einer waldreichen Umgebung. An ihre Geschichte als Nassauische Residenzstadt erinnern einige historische Gebäude der Kernstadt aus dem 17. Jahrhundert, wie das Alte Rathaus und das ehemalige Schloss, das nach einem Brand 1880 durch einen Neubau ersetzt wurde; heute pauken darin die Schüler der Christian-Wirth-Schule.

Die umliegenden Stadtteile sind idyllisch in die Landschaft eingebettet und eignen sich für Wanderungen oder Radtouren. Im Ortsteil Eschbach ist mit den Eschbacher Klippen eine ungewöhnliche Felslandschaft zu bewundern, die zahlreiche Kletterer anlockt.
(Telefon 06081/10240)

Wehrheim

Wehrheim am östlichen Taunuskamm hat sich, ebenso wie seine Ortsteile Pfaffenwiesbach, Obernhain und Friedrichsthal, seinen ländlichen Charakter bewahrt. Die wechselvolle Geschichte, die bis ins 11. Jahrhundert zurück reicht, ist an den Resten der mittelalterlichen Stadtmauer oder an einem erhaltenen Stadttor der Kernstadt abzulesen, das ein Heimatmuseum beherbergt. Neben dem historischen Pfarrhaus in Pfaffenwiesbach aus dem 17. Jahrhundert sind auch in der Umgebung die ehemalige Klosteranlage Thron und die Reste des Römerkastells Kapersburg Zeugen der Vergangenheit.
(Telefon 0 60 81/58 90)

Weilburg

Weilburg an der Lahn war vor gut 700 Jahren die Residenz des Hauses Nassau-Weilburg und fasziniert noch heute durch viele historische Gebäude. Das Renaissance-Schloss mit seinem prächtigen Park und die im Sommer stattfindenden Schlosskonzerte locken viele Besucher aus der Region.

Die Lahn eignet sich für Wasserwanderungen mit Kajak oder Kanu, oder für eine Radtour entlang des Flusses. Zahlreiche Museen, etwa das Bergbau- oder das Stadtmuseum, erzählen von der Geschichte.
(Telefon 0 64 71/76 71)

Weilrod

Die Gemeinde im Weiltal ist mit 13 Ortsteilen und rund 6.500 Einwohner größte Flächengemeinde des Hochtaunuskreises. Dörfer wie Rod an der Weil, Altweilnau, Gemünden, Mauloff oder Finsternthal liegen verstreut in den sanften Hügeln des Hintertaunus und haben fast alle ihren ursprünglichen Ortskern bewahrt. In Rod an der Weil ist neben der Kirche eines der ältesten Pfarrhäuser Deutschlands zu finden.

In Altweilnau sind noch die Befestigungsanlagen und der Wehrturm aus dem 15. Jahrhundert erhalten. Die Vogelburg in Hasselbach beherbergt heimische und exotische Vogelarten.
(Telefon 0 60 83/9 50 90)

Weilburger Schiffstunnel.

Wiesbaden

Wiesbaden, das «Nizza des Nordens», gilt als die meist begrünte Stadt Deutschlands. «Wisibada», urkundlich 829 erstmals erwähnt, ist mit 26 Quellen seit dem 18. Jahrhundert nicht nur Bäderstadt. Mit seiner Hauptlage Neroberg ist Wiesbaden zugleich eine Weinstadt, die einmal im Jahr bei der Rheingauer Weinwoche die «längste Theke der Welt» aufbaut, und als Landeshauptstadt seit 1945 auch Beamtenstadt. Der hessische Landtag residiert im einstigen Stadtpalais von Herzog Wilhelm von Nassau.

Bäderkultur, Weinseligkeit und eine dem Niveau einer Landeshauptstadt entsprechendes Kulturangebot prägen den Wiesbadener Lebensstil, dessen savoir vivre sich schon unter der Herrschaft der Nassauer entwickelte. Sie machten die Stadt zu ihrer Residenz und legten weitläufige Plätze und repräsentativen Bauten an. Die Architektur der Villen und Häuser sind Zeugnisse des Historismus, Klassizismus und des Jugendstils. Mittelpunkt der Altstadt ist der Schlossplatz mit dem Marktbrunnen. In der Wagemannstraße steht das älteste noch erhaltene Stadthaus von 1728. Der Kochbrunnen war im 19. Jahrhundert Zentrum der Wiesbadener Trinkkur. Das Kurhaus im neoklassizistischen Stil bietet der Spielbank ein angemessenes Ambiente.

Der Kurpark wurde als englischer Garten 1852 angelegt. Die Kurhaus Kolonnade gilt mit 129 Säulen als längste Säulenhalle Europas. Das Hessische Staatstheater wurde im Auftrag von Kaiser Wilhelm II. erbaut, Schloss Biebrich war Residenz der Fürsten und späteren Herzöge von Nassau.

Als technisches Kulturdenkmal gilt die Nerobergbahn, eine 1888 installierte Drahtseilbahn. Das Kaiser-Friedrich-Bad, seit 1913 städtisches Kurmittelhaus, wird von der 66,4 Grad heißen Adlerquelle betrieben und ist nach seiner Sanierung eines der imposantesten «Badehäuser» der Region. Einen Überblick über die Stadt bietet sich vom Jagdschloss Platte, dessen Ruine auch Open-Air-Veranstaltungen dient. Wiesbadens Kulturleben strahlt weit über die Region hinaus, beispielsweise durch das Straßenfest Theatrium oder die Internationalen Maifestspiele. (Telefon: 0611/17290)

Die Nerobergbahn in Wiesbaden.

Caféhaus-Atmosphäre im Wiesbadener Kurviertel.

Literaturhinweis

Theodor Arzt, Erich Hentschel, Gertrud Mordhorst. *Die Pflanzenwelt des Naturparks Hochtaunus.* Institut für Naturschutz Darmstadt. Usingen 1967.

Angelika Baeumerth, *300 Jahre Friedrichsdorf*, herausgegeben vom Magistrat der Stadt Friedrichsdorf 1987.

Angelika Baeumerth, *Oberursel am Taunus.* Eine Stadtgeschichte. Verlag Waldemar Kramer, Frankfurt 1991.

Angelika Baeumerth, Matthias Kliem, Alexander Wächtershäuser. *Das Jahrhundert im Taunus.* Societäts-Verlag. Frankfurt 1999.

Konstanze Crüwell, *Von Fürsten, Quellen und Roulette.* Kleine Promenade durch die Bad Homburger Geschichte. Verlag Waldemar Kramer. Frankfurt 1996.

Geschichte des Kurparks Bad Soden. Materialien zur Bad Sodener Geschichte. Heft 14. Bad Soden 1993.

Ulrich Großmann. *Mittel- und Südhessen.* DuMont Kunstreiseführer, Köln 1995.

Heimat Hochtaunus, herausgegeben vom Hochtaunuskreis. Verlag Waldemar Kramer, Frankfurt 1998.

Rainer Hein. *Gartenkunst in Hessen.* Societäts-Verlag. Frankfurt 1998.

Wilhelm Jung. *Kronberg von A bis Z.* Verlag Waldemar Kramer. Frankfurt 1998.

Margot Klee. *Die Saalburg.* Konrad Theiss Verlag, Wiesbaden 1995.

Joachim Kromer. *Bad Soden am Taunus.* Verlag Waldemar Kramer. Frankfurt 1990.

Kronberg im Taunus. Verkehrsverein der Stadt. Kronberg 1995.

Detlef Maywald. *Unterwegs in Hessen.* Impress-Verlag 1998.

Bernd Modrow. *Gartenkunst in Hessen.* Wernersche Verlagsgesellschaft. Worms 1998.

Wolfgang Müller. *Naturerlebnis Hessen.* Theiss Verlag, Stuttgart 2000.

Britta Rabold, Egon Schallmayer, Adreas Thiel. *Der Limes.* Konrad Theiss Verlag, Stuttgart 2000.

Georg Wilhelm Sante. *Handbuch historischer Stätten Deutschlands.* Hessen. Kröner Verlag. Stuttgart 1976.

Heinz Schomann. *Frankfurt am Main und Umgebung.* DuMont-Kunstreiseführer. Köln 1996.

Berndt Schulz/Heidrun Merk. *Hessen.* Edition Erde. Nürnberg 1996.

Klaus F. Wagner. *Geliebtes Usinger Land.* Walkmühlen Verlag 1982.